Andres Velasquez / The INK Company

THE

LINKEDIN

EFFECT

(EL EFECTO LINKEDIN)

1st. Digital Edition / Español

AUTOR

Andrés Velásquez, nacido a mediados de los 70´s fue criado en Colombia pero ha vivido en 6 países mientras estudiaba o trabajaba. Titulado en Psicología de una Universidad Jesuita donde se concentró en *Ciencia Cognitiva*; después de esto, consiguió su Maestría en Publicidad de una Universidad Europea concentrándose en *Persuasión Humana*. Andrés Velásquez es becario del Departamento de Estado de US para un *Fellowship* en Investigación e Innovación de la Universidad Estatal de Missouri en misión para la Cámara de Comercio de la ciudad de Springfield, también está Diplomado en Comunicación de Mercadeo del *Dale Carnegie Institute*. En 2010 empezó con su propia empresa (*The INK Company*) a través de la cual se proveen soluciones en *Inbound* y «*Content Branding*». Desde 2011 es co-fundador y consultor adjunto de Innovación de ´*La Corporación LID*´. Es experto en procesos de *Branding* y especialista en proyectos que involucran Internet para la Innovación.

EL EFECTO LINKEDIN
por Andrés Velásquez

EL EFECTO LINKEDIN

por *Andrés Velásquez*

Derechos Reservados© 2013 *Andrés Velásquez*. Desarrollado en Colombia
Publicado por **THE INK COMPANY Publishing**, Inc. division de *The INK Company*, 1000E. Madison
St. R. 118 Springfield, MO 65897

Los libros de esta misma serie pueden ser adquiridos para uso educacional, comercial, o promocional. Las ediciones en línea están también disponibles para la mayoría de los títulos - **NOMBREEMPRESA.EXT** -. Para obtener más información, póngase en contacto con nuestro departamento de ventas corporativo / institucional: (++57 315-4186715) o escriba a [AV@ANDRESVELASQUEZ.ORG]

ISBN: **978-1530480470**
[TM]

ANTECEDENTES

Linkedin alcanzó su rentabilidad en 2006, a partir de ese año, el crecimiento de **Linkedin** ha sido imparable. En 2007 las redes sociales solo parecían tener un objeto de conexión personal o profesional. En 2008 empezaron a darse los primeros usos y las primeras aplicaciones prácticas masivas de las redes sociales, es decir, dejaron de ser medios alternativos de comunicación para convertirse en plataformas de mercadeo potencialmente poderosas. En el año 2009 Facebook estaba en una curva imparable y detrás de este, *Twitter* y **Linkedin** iban a toda velocidad ganando usuarios, robusteciéndose, innovándose. En ese mismo año fue publicado «*The Twitter Book*» y «*The Social Media Marketing Book*» por O´Reilly Media, en 2010 en esa misma línea, fue publicado «*The Facebook Marketing Book*» cuyo autor empezaba a ser considerado como uno de los primeros científicos de los Medios Sociales y de las Redes Sociales. No por casualidad, Dan Zarella venia de trabajar en *Hubspot* (como una de compañías pioneras de *Inbound*). En ese mismo año, yo acababa de obtener un grado de Master en Publicidad del IL3 (Universidad de Barcelona).

Muchos han y mucho se ha dicho que las redes sociales son o van a ser al siglo XXI lo que la revolución industrial fue a los siglo XIX y XX y por otra parte, cuando mucha gente en el intermedio de la generación X & la generación Y empezaron a trabajar en Mercadeo, ya los Medios Sociales estaban en apogeo, por lo que para muchas personas de la generación X & Y no existe el mercadeo sin las redes sociales y las redes sociales sin usarlas para mercadeo podrían ser un desperdicio.

En 2011 encontré, leí, analicé y compartí algunos de los libros publicados por *O'Reilly Media* y escritos por *Dan Zarella*. Para 2012 me había metido de lleno y profundamente en **Linkedin**. En 2013 me pregunté porque si había un libro llamado «*The Social Media Marketing Book*» y otro llamado «*The Facebook Marketing Book*» no existía un libro llamado «*THE LINKEDIN MARKETING BOOK*». Más extraño aun, **Linkedin**, a pesar de ser la 3ª. Red Social más grande del mundo, seguían habiendo muchas personas que a pesar de conocerla, la ignoraban y así, tampoco la tomaban en serio para acciones de mercadeo; ni que decir de Latinoamérica, **Linkedin** en Latinoamérica es aún un gran océano azul. De ahí que, referenciándome de lo que ya existía (y de los mejores), decidí ensamblar un libro. En el escenario de las Redes Sociales, hablar de Facebook y **Linkedin** es como hablar de Padre y Madre (o viceversa) donde los hijos son las distintas prácticas de Mercadeo. Para mí, intervenir en términos de táctica y estrategia de mercadeo en Facebook y no hacerlo en **Linkedin** es dejar la táctica y la estrategia de mercadeo, huérfanas, incompletas!. Este Libro es un intento de completar un circulo básico «padre - madre» de las Redes Sociales para Mercadeo. Está escrito originalmente en Español porque es mi idioma nativo, pero me hubiera gustado poder escribirlo enteramente en Inglés para ser coherente con mis referentes: *Hubspot, O´Reilly Media, Dan Zarella*; pero, estoy seguro que si es importante para la gente en otro nicho, versiones en otro idioma podrían darse más adelante.

EL EFECTO LINKEDIN
por Andrés Velásquez

DEDICADO A

Isa

INTRODUCCIÓN

Linkedin fue creado con la idea de «*conectar los profesionales del mundo para hacerlos más productivos y exitosos*» pero es posible que ni el fundador de **Linkedin** ni **Linkedin** como empresa hubieran pensado en 2003 en lo poderosa que se convertiría esta plataforma para el mercadeo. Actualmente parte de misión de **Linkedin** podría ser reescrita como «*conectar los profesionales del mundo <u>del mercadeo</u> para hacerlos más productivos y exitosos*».

Pero la cosa no se termina ahí, **Linkedin** en su inteligencia colectiva de individuos, de empleados y, la inteligencia artificial propia de su algoritmo ha llevado a **Linkedin** a pensarse como una de las plataformas más grandes del mundo que sirva en el camino de «*crear oportunidades económicas para cada miembro de la fuerza de trabajo global*» o, mucho mejor aún, «*crear oportunidades (...) para cada miembro de la fuerza de trabajo en <u>mercadeo</u>*».

Las redes sociales y el mercadeo se han vuelto en cierto punto, sinónimos, de ahí que una red social con herramientas y opciones sólidas para el mercadeo se convierte en la solución a muchos de los esfuerzos personales y corporativos orientados a lograr resultados de posicionamiento y/o ventas. Pero hay algo aún más interesante y útil. Estamos en una era en la que el CONTENIDO se volvió sinónimo de redes sociales y sinónimo de mercadeo. Por consiguiente, Mercadeo = Redes Sociales = Contenido.

Linkedin se ha empezado a trasformar lentamente en una de las plataformas de publicación de Contenido más grande del mundo y su énfasis nunca han dejado de ser las personas y los negocios. A través de **Linkedin** como plataforma de publicaciones con espacios como **Linkedin** *Pulse*, **Linkedin** *Publishers* / **Linkedin** *Influencers*, **Linkedin** ha llegado para trasformar el universo del mercadeo y no va a irse en mucho tiempo.

Si **Linkedin** = Red Social = Mercadeo = Contenido, entonces, **Linkedin** está bien enfocado hacia la promoción de contenido y el impulso al consumo de contenido, donde el puente son las redes sociales y la disciplina es el mercadeo. Moderno y Visionario, **Linkedin** es clave, sigue trasformando el mercadeo desde las redes sociales a través del contenido y el camino aun es largo pero sin duda, también es o será enriquecedor.

ANDRES VELASQUEZ

31 de Julio de 2014

PROLOGO

Alguna vez oí de una fuente en *la Universidad de Barcelona*, que las primeras "redes sociales", fueron los barrios o asentamientos urbanos; parecía tener sentido pero no para mí. Más tarde, haciendo un trabajo de investigación para la *London Metropolitan University* encontré información que hacía mención a que la primera red social reconocida y aceptada como tal era un tablero mecánico de anuncios personales y comerciales que había en el centro de Londres; nunca se sabrá que tan cierto era eso o no, pero me pareció que era lógico. También, parecía ser la primera aplicación colectiva en función de propósitos comerciales.

La tecnología (llámese *Hardware* o *Software*), evoluciona rápidamente y ha generado un impacto relativamente apresurado, profundo, permanente y positivo a su paso, pero en general, la mayoría de las manifestaciones tecnológicas o los derivados de ésta, estaban limitadas -al menos inicialmente- a

13

determinados nichos debido a la capacidad de pocos de acceder por recursos a esta o simplemente por el alcance natural u orgánico de la misma.

La tecnología, ha estado ligada a los medios, prácticamente desde el principio.

Por otra parte, los medios sociales como derivados del desarrollo inevitable de internet, llegaron para cambiar el panorama de prácticamente todo en una vasta variedad de campos y aspectos. Piensen en las personas y en las empresas antes de las Redes Sociales y se va a dar cuenta de los que estamos diciendo y de lo que está pasando actualmente en las vidas y carreras de la gente y el día a día de las organizaciones.

Facebook ha sido comparado con un gigantesco «ADDRESS BOOK» (Libreta de Direcciones), *Twitter* ha sido comparado con un inmenso Tablero de «POST ITS» y **Linkedin** ha sido comparado con un gigantesco «ROLODEX» (Índice Rotatorio). De la misma forma, otras redes sociales han sido gráficamente emuladas en su formato *«vintage»*.

Pero, es obvio que las redes sociales en internet no solo son mucho más que simples directorios o índices, sino que es normal que hayan dado el siguiente y gran salto adelante.

PREFACIO

Linkedin desde 2002, año en que fue concebido «oficialmente» se ha hecho cada vez más complejo, pero no es el tipo de complejidad aburrida en la que es imposible navegar, su camino a la complejidad es un camino a través del cual es posible ver no solo la innovación sino el estilo mismo de la compañía: dinámico. **Linkedin** podría tener muchos detractores, pero ninguno podría decir que se trata de una red social aburrida de forma justificada. Aunque este libro recoge aplicaciones actuales para el mercadeo a través de las redes sociales y específicamente en **Linkedin**, la verdad es que es potencialmente sujeto a actualizarse tan rápidamente como lo haga la misma plataforma y lo contenido aquí es solo pequeña aunque importante parte del ecosistema de **Linkedin**.

En el **capítulo de *Introducción a las Redes Sociales*** se hablara brevemente de este contexto «moderno» que a partido de Internet 2.0. En el **capítulo de *Introducción a Linkedin*** se establecerán conceptos fundamentales para entender a Linkedin como empresa, plataforma de negocios y como red social; por otra parte, en el **capítulo de los** *Básicos del Perfil de Linkedin*, las personas podrán completar lo que les faltaba o entender mucho de lo que no tenía claro sobre cómo empezar a interactuar como persona de negocios en **Linkedin**. Ya empezando más intensamente en la implementación para mercadeo se tocaran puntos útiles para entender el uso de las Páginas y los Grupos en el **capítulo de** *Básicos de las Páginas en Linkedin* y el **capítulo** de *Básicos de los Grupos en Linkedin*; explicaremos en el **capítulo de** *Eventos en Redes Sociales y en Linkedin* porque **Linkedin** despareció (quizás provisional o permanentemente) su sección/funcionalidad de Eventos, como «reemplazarla» externamente pero conectada a **Linkedin** y que alternativas dentro de **Linkedin** existen para apoyar iniciativas que dependan de eventos. Un poco más técnico para unos y muy útil para otros, se hablara y apoyara a las personas o empresas para entender y usar las *Aplicaciones de Linkedin* y la parte de *Linkedin Developers* en un **capítulo** que lleva ese mismo nombre. Empezando una fase de cierre, se abarcaran temas específicos, técnicos y muy prácticos sobre las Páginas de Empresa en el **capítulo Páginas de Empresa en Linkedin** y el **capítulo de Administración de la Página de Empresa en Linkedin.** Para finalizar, presentaremos una de las «estrellas de internet»: el CONTENIDO; y, profundizaremos en cómo identificarlo, crearlo, publicarlo, usarlo y aprovecharlo esto se hará en el **capítulo de Diseño & Desarrollo de Estrategias + Tácticas para Contenido en Linkedin** y el **capítulo de Promoción Cruzada de Contenido en Linkedin.** Como un «postre nutritivo», no podía faltar un espacio para sensibilizar y capacitar a los lectores sobre la creación y administración de anuncios publicitarios en **Linkedin** y cómo aprovechar el programa entero de anuncios en el **capítulo de Publicidad en Linkedin** y cómo medir los resultados en el **capítulo de Métricas de Linkedin.**

Con esto, abrimos una oportunidad para discutir sobre **Linkedin** para mercadeo y «evangelizar» también un poco en torno a la marca de esta empresa que ya está cambiando el mundo de los negocios para bien y para mucho tiempo. Seguro hay muchos oídos dispuestos y mentes abiertas.

¿POR QUÉ DEBERÍA CONSIDERAR ESTE LIBRO?

El objetivo de este libro es tratar de proporcionar lo mejor de LINKEDIN para Mercadeo EN ESPAÑOL, de tal manera que los *mercadologos* utilicen LINKEDIN y que vean resultados como parte de una aproximación integrada del mercadeo, como parte de un nuevo «*Marketing Mix*».

Este libro concentra cerca de 10 años de indagación, exploración, conocimiento & experiencia y es en gran medida un «acto de filantropía» en muchos sentidos, pues es una de las puertas de entrada para que la gente descubra mucho de lo que necesita saber acerca de **Linkedin** como guía, es un trabajo que refleja nuestro amor por el mercadeo, las redes sociales, las tecnologías, la innovación y por supuesto el agradecimiento a **Linkedin** por facilitar todo eso de manera conjunta; está dedicado a obtener un máximo o al menos un razonable valor o beneficio de **LinkedIn** para las personas y para sus empresas.

Esto es más que un manual o un tutorial como podría parecer a simple vista, es una referencia estratégica - táctica para personas que se están formando una opinión frente al poder del mercadeo, de las redes sociales, y, por supuesto, frente a **Linkedin**. En este libro se ha empaquetado una serie de soluciones. Es todo acerca de cómo aprovechar el potencial y el poder de lo social y del *social media marketing* . Leer este libro nos muestra una alternativa necesaria: **Linkedin** bajo nuevas reglas y nuevas condiciones. ¿No queremos en el mercadeo siempre descubrir cómo sensibilizar clientes potenciales y en últimas instancias, generar más ingresos a partir de estos?. Este libro pretende mostrar también un lado «sofisticado» del mercadeo gracias a **Linkedin**, porque es el momento de tomar los medios sociales para las ventas al siguiente nivel, moviéndose más allá, movernos de lo que todos nos dicen a lo que muchos sabemos que funciona. Es tiempo de obtener resultados reales con el *social marketing* y este libro puede ser de ayuda en ese propósito.

CONTENIDO

CAPITULO 00

MICRO-INTRO A LAS
REDES SOCIALES

EL EFECTO LINKEDIN
por Andrés Velásquez

INTRODUCCIÓN A LAS REDES SOCIALES

En 1992 dejé de recibir clases de «Computación» porque mi programa curricular en el colegio ya no lo exigía. Había dejado de recibir clases sobre *hardware* y *software* y aún seguía odiando los computadores. Al graduarme del colegio, Internet estaba a punto de abrirse globalmente al público. Cuando entré a la Universidad a estudiar Ciencias Sociales, en 1995, había pasado escasamente un año e Internet ya empezaba rápidamente a difundirse, multiplicarse, masificarse, *viralizarse*, pero, solo algunas corporaciones y muy poca gente en la élite de universidades sabía lo que estaba pasando aunque nadie sabía realmente hasta donde llegaría o como; las primeras redes sociales (classmates.com / sixdegrees.com) estaban siendo creadas y lanzadas en ese mismo año. En 1996 abrí mi primera cuenta de correo electrónico (obviamente proveída por los laboratorios de computación de mi Universidad, la **Universidad Javeriana**) y me suscribí a las primeras listas de discusión e ingresé a las primeras salas de chat con IRC. En 1997 sucedieron dos cosas que cambiarían mi vida y mi trabajo: Ingrese a la más grande organización internacional de estudiantes y abrí mi primera cuenta de correo electrónico gratuita en YAHOO.COM que conservo actualmente modificada como andres.velasquez@yahoo.com (a la cual podía entrar desde cualquier computador con acceso a internet, aunque en la casa no había conexión). Gracias a YAHOO le volví a coger amor a los computadores. No mucho después los buscadores se habían apoderado de Internet y ya empezaba a usar Google esporádicamente. En 1998 empecé a visitar las primeras Páginas web que existían y a acceder a plataformas que solo funcionaban con Internet, ya entonces era adictivo. Bajé archivos con FTPs (*Dropbox* estaba a 10 años de distancia) y accedía con extraños y sofisticados protocolos remotos a «servidores» artesanales. En ese mismo año 1998 debido a tareas académicas como mi tesis y exigencias laborales, empecé a usar *Word, Excel* y *Powerpoint*. Un año después en 1999, **AIESEC** lanzaría la segunda versión del primer sistema de gestión de intercambios laborales y una versión temprana muy poderosa de comunidades ONLINE que funcionaba como parte de una Intranet Corporativa / Organizacional; un portal cerrado y exclusivo desde el cual y con el cual gané experticia en lo digital, lo online; en ese mismo 1999 se daban los primeros pasos de lo que se llamaría después Web 2.0. Llegó el Y2K (virus del milenio) y no pasó nada. En el año 2000 estalló la «Burbuja de las .COM» y en este contexto, la Web 2.0 dio paso y vida a lo que empezaría a llamarse en serio «Redes Sociales» / «Medios Sociales». El año 2001 fué como una transición. En el año 2002 se lanzaría *Friendster* , y, *Myspace* se convertía en la primera red social de la que todo el mundo hablaba (masiva). **Linkedin** fue ideada por *Reid Hoffman* en ese mismo 2002 y lanzada en 2003; en 2003 yo renovaba mi pasaporte por segunda vez y salía de mi país por primera vez, Facebook estaba siendo ideado por *Mark Zuckerberg* y lanzado en 2004 de manera exclusiva para las Universidades de la *Ivy League* en US.

En el 2004 entraba a trabajar para una Consultora llamada **Dale Carnegie** (conocida por 2 *best-sellers* históricos mundiales y de los cuales uno serviría para adaptar un libro representativo de la era de las redes sociales: "**How to Win Friends and Influence People in the Digital Age**". Al llegar el 2005, en Latinoamérica se extendía *Hi5*, una Red Social muy poco popular en US y bastante popular en Rumania a donde irónicamente yo llegaba como parte de un proyecto de desarrollo social. Para el año 2006 estaba viajando por Suramérica con un *backpack*, "viví" en Brasil un tiempo corto y ya ahí, entonces era inconcebible vivir, estudiar o trabajar sin internet. Cuando regresé a mi país en el 3r *Quarter* del 2006, regresé para buscar trabajo y un amigo que llegaba de Europa me habló por primera vez de **Linkedin**. Sin saber lo que iba a ocurrir, abrí una cuenta esperando encontrar trabajo con esa plataforma. Encontré trabajo pero no por **Linkedin**. Después del peor trabajo de mi vida salte a trabajar en 2007 en la industria de la comunicación, la publicidad, el mercadeo y el *branding* para una de las agencias de Investigación más grandes del mundo (entonces *Research International* y ahora **TNS**) que a su vez hace parte de uno de los grupos de Comunicación Integrada de Mercadeo más grandes del mundo (WPP); en ese año, Facebook se abriría a todo el planeta y, había empezado a llegar a Latinoamérica. En la primavera de 2007 me llegó el mensaje por correo electrónico de un amigo que vivía, trabajaba y estudiaba en Nueva York, en ese mensaje me hablaba de Facebook, me recomendaba abrir una cuenta y me estaba mandando la invitación. Aburrido con la Red Social que usaba, Facebook fue muy refrescante y con Facebook se abrió para mí, para la gente y más tarde también para las empresas, un universo nunca antes visto; Internet se volvió incluso más adictivo. Facebook despertaba interés pero también incredulidades. En Febrero de 2008 vía Facebook en Colombia, se creó uno de los grupos que generaría el movimiento más grande que se había visto en el país en contra de las guerrillas; gracias a Facebook, se convocaron, reunieron y movilizaron millones de personas en todo el territorio nacional para protestar en contra del terrorismo; pocos meses más tarde, Facebook crearía su versión en español. Para otoño de ese 2008 estaba yéndome a vivir, estudiar y trabajar en España por un programa de Postgrado (Master) de la *Universidad de Barcelona*. En el año 2009 abriría mi cuenta en *Twitter* y escribiría mi primer «*Tuit*». En 2010 había terminado mi posgrado en Publicidad (donde solo por encima se había hablado de «Redes Sociales») y había regresado a mi país para no volver a buscar trabajo, esta vez seria para crear empresa. Me estrellé y me quebré y, en ese espacio de tiempo, el Departamento de Estado de US me becó en un programa llamado *Business Fellows*, me enviaron a una de las 30 ciudades llamadas Springfield para trabajar en la Cámara de Comercio local (lo que hice con / para ellos no hubiera sido posible sin internet). Para cuando volví con la cabeza más fría pero pensando en mil ideas al final del invierno de 2011, había descubierto que mi vida, trabajo, carrera, negocio o empresa, no podían basarse en lo que venía haciendo con Servicios Profesionales de Investigación. Entré a desarrollar tres portafolios paralelos, CULTURA DE INNOVACION, CORPORATE BRANDING y REDES SOCIALES.

2012 fué un año de consolidación conceptual de mi propio negocio donde descubriría que los tres portafolios comercializados convergían en un solo portafolio de servicios y productos intangibles basados casi un 100% en la implementación de redes sociales en las empresas para lograr objetivos de posicionamiento y/o ventas. El 2012 fue el año donde descubrí que a partir de esa década, hablar de Marcas Corporativas y Redes Sociales, terminaba siendo lo mismo; eran dos campos en aparente canibalismo cuando en realidad se trata de dos campos inseparables que son o parecen uno solo. Estamos en un punto donde parece que no se pudiera hacer *branding* sin internet o no se pudiera concebir Internet sin intervención (suave o dura) de las marcas. Aunque creadas varios años atrás, yo vine a hacerme consciente de *Hubspot* o *Marketo* como empresas y, las prácticas de INBOUND, solamente en el mismo año 2012. El *Inbound Marketing* o *Content Marketing* se han convertido en la práctica estrella (y más fuerte) de Mercadeo en Internet. Se puede decir que es la fusión más lógica de *Branding* y Redes Sociales. INBOUND. Si, el eslabón entre las prácticas de mercadeo y la implementación de las redes sociales. El 12 de Diciembre de 2012 (121212) recibí como regalo un Libro llamado «*The Start Up of You*» escrito por el Fundador de **Linkedin**. Ese libro cambiaría mucho de mi vida presente y mi negocio actual. Descubrí lo robusto y sin embargo dinámico y versátil que podía ser **Linkedin**. Un mes después de terminar de leer el libro (en 2013) desarrollé una presentación e hicimos el primer *Webinar* sobre **Linkedin** con la plataforma de la empresa de un buen amigo (Mauricio Duque), devorador de tendencias en tecnología y pionero de los ecosistemas del comercio digital en Latinoamérica. Solo puedo decir que <u>éste libro</u> que usted está leyendo y sobre el cual están escritas estas palabras, tuvo su origen en ese *Webinar* sobre **Linkedin** de principios de 2013. Solo un poco más de un año después, **Linkedin** no solo me dió el tema para un libro sino que para finales de 2013, esta plataforma, había alcanzado 300.000.000 de usuarios (una cifra que en el futuro se verá pequeña pero en su momento era una monstruosidad). Actualmente, **Linkedin** en conjunto con sus adquisiciones *Slideshare* + *Pulse* & la creación de la plataforma de *Influencers*, se convirtió en la plataforma abierta, *premium* de publicaciones y contenido más grande del mundo. Así que, en un mundo comercial donde lo INBOUND está marcando la parada y también los pasos a seguir, **Linkedin** tiene ya un largo camino recorrido y una poderosa influencia. La **Misión** de **Linkedin** es «*conectar los profesionales del mundo para hacerlos más productivos y exitosos*» y su VISIÓN es «*crear oportunidades económicas para cada miembro de la fuerza de trabajo global*». Yo creo que **Linkedin** no se ha equivocado con su Misión y si se mantiene constante y consistente, no se va a equivocar con su Visión.

Esta pieza de contenido (libro) que tiene en sus manos o ante sus ojos, no solo ilustrará parcialmente porqué **Linkedin** va por buen camino, sino que va a empezar a ayudarle a USTED a entender - meterse en el mundo de **Linkedin** y aprovecharlo para sus esfuerzos de mercadeo.

¿QUE SON LOS MEDIOS SOCIALES?

Los medios de comunicación sociales o simplemente Medios Sociales (social media en inglés), son plataformas de comunicación en línea donde el contenido es creado por los propios usuarios mediante el uso de las tecnologías de la Web 2.0, que facilitan la edición, la publicación y el intercambio de información. Los medios sociales son ricos en influencia e interacción entre pares y con una audiencia pública que es cada vez más «inteligente» y participativa. El medio social es un conjunto de plataformas digitales que amplía el impacto del boca a boca y también lo hace medible y, por tanto, *rentabilizable* por medio del mercadeo de/en medios sociales.

-Wikipedia

Los Medios Sociales son «un grupo de aplicaciones basadas en Internet que se desarrollan sobre los fundamentos ideológicos y tecnológicos de la Web 2.0, y que permiten la creación y el intercambio de contenidos generados por el usuario»

-Andreas Kaplan y Michael Haenlein

¿QUE SON LAS REDES SOCIALES?

Un Servicio de Red Social es una plataforma para crear Redes Sociales o relaciones sociales entre personas comparten actividades, formación académica, experiencia laboral o conexiones de la vida real. Un servicio de red social está formado por una representación de cada usuario (a menudo un perfil), sus vínculos sociales y una variedad de servicios adicionales. Las redes sociales son servicios basados en internet que permiten a los individuos crear un perfil público, crear listas de usuarios con los que compartir conexiones y ver o cruzan conexiones dentro del sistema. La mayoría de los servicios de redes sociales están basados en la web y proporcionan los medios para que los usuarios interactúen a través de WWW, igual que el correo electrónico y la mensajería instantánea. Los sitios de redes sociales son variados e incorporan nuevas herramientas de información y comunicación, tales como la conectividad móvil, múltiples formatos (Video, *Podcasts*, Imágenes, Presentaciones,) o canales como blogs.

-*Wikipedia*

CAPITULO 01

MICRO-INTRO A LINKEDIN COMO RED SOCIAL

INTRODUCCIÓN A LINKEDIN

Al momento de escribir esto, **Linkedin** había reportado como «*Milestone*», más de 300 millones de usuarios activos (1,1). Si se tratara de un país, **Linkedin** tendría el mismo tamaño poblacional aproximado de los Estados Unidos que es actualmente la tercera nación más grande del mundo, solo India y China serian significativamente más grandes.

¿Quién usa Linkedin?*

+ de 250.000.000 de Profesionales (+ del 60% están fuera de US)

+ de 25.000.000 de Estudiantes y Recién Graduados

+ de 2.5 Millones de Empresas y + de 100 Industrias

+ de 50.000 grupos de egresados de escuelas de negocios.

*Ejecutivos de las empresas más grandes del mundo.

IMPACTO EN LOS MEDIOS ACTUALES Y MÉTODOS TRADICIONALES

Las tasa de circulación de periódicos están en declive (1,2), y la mayoría de los anuncios de la televisión ya no son tan rentables. **Linkedin** ha logrado una audiencia mucho más precisa, especializada y sofisticada y en algunos casos, más grande que los viejos medios. Eso por sí solo ha sido suficiente para convencer a algunos de que es el lugar ideal para probar una nueva mezcla de mercadeo. Si necesita más, considere la enorme cantidad de información profesional que los usuarios ponen al sitio y, por lo tanto, los anunciantes. **Linkedin** le provee a las marcas nuevas maneras de dirigir anuncios con más eficacia que nunca y posicionarse con mejores niveles, a los vendedores, nuevas opciones para generar prospectos, a los reclutadores más información para decidir sobre el mejor talento, a los emprendedores, oportunidades de innovar y desarrollarse, a los ejecutivos, una forma más inteligente de actuar en los negocios, a los estudiantes, más opciones de carreras, a los independientes, más oportunidades. Y, ¿la mejor parte?; toda la información ha sido ofrecida voluntariamente por los usuarios.

GRANDES MARCAS / GRANDES EMPRESAS EN LINKEDIN

Las compañías más grandes, las marcas más reconocidas y sus ejecutivos estrella, ya son nativos de **Linkedin**, lo usan para sus actividades de trabajo y lo aprovechan para engancharse con grupos objetivos o comunidades de la forma más rentable diseñada hasta ahora en una red social. Coca-Cola tiene cerca de 1 millón de seguidores en su ecosistema de Páginas de Empresa (esto puede parecer un número pequeño comparado con el número de Fans de Coca-Cola en Facebook, pero, hay que recordar que el perfil de la gente en **Linkedin** siempre es de personas que trabajan o que están en función de sus carreras o sus empresas, ese es un nicho «*premium*» de usuarios de redes sociales).

Gigantes como LEGO, postean en **Linkedin** menciones de prensa que mantienen viva la reputación como compañía y como marca. Pero eso no es todo, también impulsan su Marca Empleador a través de los *Tabs* de Carrera desde lo cual conectan con todo el embudo de reclutamiento de la compañía. SAP, la corporación multinacional Alemana que hace software empresarial para administrar operaciones de negocios y relaciones con clientes, hace presencia en **Linkedin** como una alternativa para integrar funciones tanto de CRM como de ERP.

¿CÓMO USTED PUEDE Y DEBERÍA USAR LINKEDIN?

Incluso «pequeñas marcas» pueden entrar en la acción en **Linkedin**. *Interlat* (1,3) contaba al momento de estas líneas con 333 seguidores que se han ido construyendo poco a poco con voz a voz, publicaciones directas en **Linkedin** y comunicación *multiformato* o actividades con plataformas cruzadas.

Los Hoteles *Sofitel* a pesar de ser una «marca grande» no tiene actividad en **Linkedin** aunque si tiene una página de empresa creada con más de 300.000 seguidores a 2013, lo que significa un nicho especializado aun por aprovechar... imagínenlo. Ahora USTED, si no está en **Linkedin**, tiene que ponerse al día para evitar no aparecer o no ser notado o estar fuera de contacto. Si sus competidores aún no están o no están utilizando **Linkedin**, ya usted estará ganando puntos importantes con su público por estar en «primer lugar».

CREAR CONTENIDO VALIOSO

Si se utiliza correctamente, **Linkedin** puede ser definitivamente una extensión de su marca, lo que ayuda a presentar la misma personalidad, tono y cara visual como lo haría en cualquier otro material o formato. Tómese el tiempo

EL EFECTO LINKEDIN
por Andrés Velásquez

para pensar acerca de por qué usted y su marca quisieran participar en **Linkedin** y lo que espera lograr con ello. Pero no se detenga allí. Piense en su público, en especial el segmento de su audiencia en **Linkedin**. **Linkedin** es un canal altamente especializado y con contenido de calidad superior. Cada pieza de contenido que usted publique va a llegar a un alto porcentaje de su público objetivo. Cada posteo debe ser específicos para su página de **Linkedin**. Sea breve y <u>relevante</u>. Tenga claro lo que quiere lograr de su público objetivo con lo que publique. La mezcla de mercadeo digital-online en **Linkedin** puede llegar a ser increíblemente rentable, especialmente en comparación con alternativas en medios comerciales o de negocios tradicionales en las que se invertían mucho tiempo, personas y dinero. Los usuarios de **Linkedin** «secretamente» esperan que usted pueda escuchar lo que están buscando (y en realidad actuar y no solo escuchar). A los nativos de **Linkedin** les interesa el contenido constante y actualizado para seguir estando en su radar. **Linkedin** ofrece un sinnúmero de aplicaciones, suites, herramientas, opciones, plataformas, sitios para enganchar clientes potenciales o talento potencial que hace parte de la marca empleador. Por ejemplo, los vendedores y reclutadores pueden aprovechar las soluciones de talento, ventas y general de negocios (ej.: «*Targeted Ads*»), grupos & eventos.

Esto, también genera métricas (*Insights*) para entender mejor la información basada en la actividad y datos demográficos (1,4). Este libro puede ser una guía a través para todo esto y más, para ayudar a crear campañas efectivas y con resultados.

CAPITULO 01A

MICRO-INTRO AL EFECTO DEL LINKEDIN

¿PORQUE MI EMPRESA NECESITA A LINKEDIN?

Desde que las redes sociales vieron la luz, el mundo de los negocios, las relaciones se han hecho más importantes que nunca y, eso pasa porque mucha gente se quiere desconectarse de lo que es irrelevante en lo promocional. Los consumidores quieren enfocarse, engancharse y comprometerse con las organizaciones que se centran en el intercambio de información y el contenido útil y relevante. Con las organizaciones que informan y se dedican no son sólo a vender sino a la construcción de relaciones. **LinkedIn** es una plataforma que permite a los *mercadologos* forjar Números, Resultados con estos profesionales. No es de extrañar que **LinkedIn** se haya convertido rápidamente en la plataforma de publicación de contenido para vendedores inteligentes. Una encuesta de Usuarios de **LinkedIn** encontró que **LinkedIn** es considerada la red social más efectiva para la entrega contenido B2B, y, la investigación, llevada a cabo por Investis IQ[2] encontró que **LinkedIn** es la principal red social para dirigir el tráfico a sitios web corporativos.

APROVECHE LAS POTENTES ALTERNATIVAS PARA MERCADEO

LinkedIn ofrece una tremenda oportunidad para la gente como usted, si se centra en la construcción de su marca o generación de clientes potenciales. Tanto las soluciones que son pagadas como las alternativas que son gratuitas, permiten orientar sus mensajes e interacciones con el público adecuado, publicar contenido que se conecta con la audiencia, y ampliar la participación dentro y fuera de la red. Como **Linkedin** es una red de profesionales masiva, actúa como plataforma de publicación de gran alcance. **Linkedin** ayuda, por ejemplo, a vendedores que se involucran directamente con los miembros de **LinkedIn** con contenidos y experiencias que son profesionalmente relevantes. Piense en esto como "publicar con un propósito". Al usar **Linkedin** para construir relaciones, se alcanza un amplio rango de objetivos de Mercadeo: CREAR CONCIENCIA, INCREMENTAR CONSIDERACION Y PREFERENCIA, LLEVAR TRAFICO Y ATRAER PROSPECTOS, CONSTRUIR COMUNIDAD, CREAR DEFENSORES DE MARCA. Lleve a cabo tanto el BRANDING como la generación de prospectos en *Tandem* para mayor efectividad.

"TARGET":

Diríjase con precisión a cada audiencia de calidad

"PUBLISH":

Publique contenido relevante en un contexto profesional

"EXTEND":

Extienda con «compartir Social» y lleve tráfico

EXPANDIR REDES A TRAVÉS DE *INFLUENCIADORES*

Linkedin hizo posible para cualquier miembro la posibilidad de seguir un grupo exclusivo de *Influencers*. A partir de ejecutivos de NIVEL C (Ex.: CEOs) y los empresarios o los líderes del mundo y filántropos, estos *influenciadores* contribuyen con ideas únicas de negocio y con «chispa de reflexión» sobre las discusiones sobre una serie de cuestiones. Esto sucede a través de impulsos de contenido, el programa de *Influencers* es una fuente de verdaderamente original de contenido. Pero lo más importante, es la intención de inspirar, informar y hacer mejores *mercadologos* y vendedores. Los *Influencer* siguen creciendo y **Linkedin** añadió líderes de pensamiento, de inspiración. USTED puede trabajar directamente con cualquiera de estos *Influencers*, ya sea por "Gusto" una oportunidad concreta o saltar a una conversación acerca sobre una publicación. Por otra parte, a través de los comentarios, se puede responder a mensajes de uno de esos <u>influyentes</u> para iniciar conversaciones y debates con otros que leen los *posts*. Se puede mencionar a otras personas que hacen parte en un debate y recibir notificaciones cuando los comentarios han recibido una respuesta. Interactuar con *influenciadores* es una excelente forma de hacer *networking* natural y orgánico que beneficie esfuerzos de mercadeo tanto personales como empresariales.

EXPANDIR EL ALCANCE CON PUBLICIDAD

Mediante la combinación de alcance masivo con focalización precisa, **LinkedIn** a través de las soluciones publicitarias permiten a las personas de mercadeo en las empresas:

• Involucrar a su grupo objetivo entre los más, influyentes y «educados» que rondan los medios sociales.

• Aumentar la conciencia, la credibilidad y el impacto a través del poder de prueba social

• Dirigir el tráfico y clientes potenciales a su sitio web.

Las alternativas publicitarias de Linkedin aunque visiblemente más costosas que el resto, pone tecnología de punta a disposición para ayudar a alcanzar resultados con...

• Display Ads

• Sponsored InMails

LinkedIn Display Ads

A través de los anuncios de **LinkedIn** se puede llegar a un público profesional en un contexto en el que buscan activamente consejos y recomendaciones de marcas y empresas. Todos los formatos de **LinkedIn** *Display Ads* permiten aprovechar la profundidad única de nuestros perfiles y Páginas con información, ofreciendo orientación por sector, función de trabajo, antigüedad, ubicación y más: un enfoque específico que impulsa la participación, pertinencia y respuesta.

MODELO DE MERCADEO EN LINKEDIN

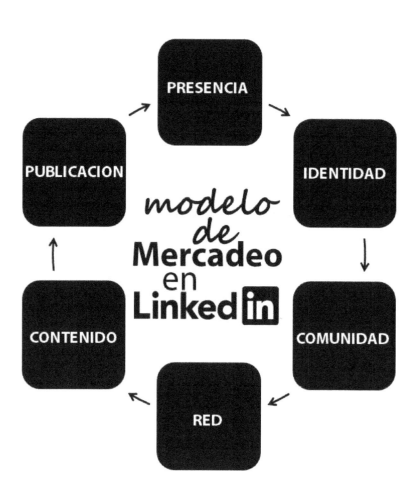

...hacer PRESENCIA:

No puede realmente hacerse mercadeo de algo que no existe, o por lo menos, suena ridículo, es por eso que lo mínimo que debe garantizarse en **Linkedin** para hacer mercadeo es la **PRESENCIA**, de una persona, una empresa, una marca, un producto, un portafolio, etc

...construir IDENTIDAD:

Se trata del resultado de muchos factores y muchas acciones, no puede haber identidad sin existencia pero tampoco es sencillo construir identidad sin comunidad o contenido; la **IDENTIDAD** es clave en el inicio de la monetización de un producto o servicio a través de **Linkedin**, porque, es lo que nos permite empezar a ganar reputación, y, a través de esta, confianza.

...crear COMUNIDAD:

Es básico entender que hay cosas que validan la identidad y el contenido, por eso, se trata de un ingrediente clave en el mercadeo en general, en las redes sociales y evidentemente, también en **Linkedin**; crear **COMUNIDAD** es un proceso largo, casi tan largo como el proceso de construir identidad, se trata de un catalizador fundamental, hay que ser constante, consistente, coherente y paciente.

...fortalecer REDES:

Parece redundante hablar de redes en el contexto de una Red Social, pero, el asunto es que las orgánicamente, estas, no se fortalecen solas, hay que impulsar a las personas y a las empresas en función de cada una, para que las **REDES** se hagan más robustas, más «espesas», que haya verdadera fuerza de conexión entre los participantes de una comunidad, incluido **Linkedin.**

...desarrollar CONTENIDO:

Las maquinas necesitan combustible, el de la máquina de mercadeo en **Linkedin** es el **CONTENIDO** y, a través de este, el conocimiento; si bien es valioso solo curarlo, es mucho mejor desarrollarlo desde cero, es esa perspectiva, mezclar con la ideación puede derivar en resultados interesantes, valiosos y efectivos, la *referenciación* apoya además la identidad y las comunidades.

...calendarizar PUBLICACIONES:

El calendario editorial en **Linkedin** es lo que le daría estructura, orden, dinámica y disciplina a la presencia, la identidad, la comunidad, las redes, y el conocimiento. El contenido se refleja en **PUBLICACIONES**, la estrategia + táctica detrás de esto se ve representada en lo que llaman *Cronopost.*

CAPITULO 02

BÁSICOS
DE LOS PERFILES
EN LINKEDIN

BASICOS DEL PERFIL DE LINKEDIN

Un perfil es una representación digital de un usuario de **Linkedin**. Los perfiles deben ser una cosa de orgullo para los usuarios frecuentes de **Linkedin**; son una extensión de la «personalidad», la identidad profesional, de carrera y de negocios. Los perfiles de **Linkedin** son el corazón de **Linkedin**, son el cómo los usuarios comparten cosas con su grupo de conexiones profesionales. Para los vendedores y reclutadores el perfil es donde todo comienza. Para llegar a e involucrar a contactos claves, usted como usuario de **Linkedin** debe saber lo que hacen y pero también aprovechar bien el sitio. Los más valiosos usuarios de **Linkedin** son los que proporcionan calidad de información y tienen conexiones inteligentes o estratégicas. El usuario promedio puede tener aproximadamente200 contactos; pero hay que pensar en el potencial de algunos *influenciadores*. El mantenimiento del perfil requiere tiempo y energía para mantenerse y mantenerlo fresco, profesional, y RELEVANTE para los amigos (y, por supuesto, para vendedores o reclutadores como usted). Ya que **Linkedin** no gana usuarios esporádicamente sino consistente y constantemente por minuto, hora, semana, mes o año, es necesario apreciar la dedicación y apertura que se necesita para crear un perfil «ALL-STAR» de **Linkedin**, y, debido a que los propietarios de estos perfiles pasan tiempo precioso para obtener *buzz*, *clicks* o ventas, reclutados y resultados, a mejor manera de entender y apreciar estos usuarios de **Linkedin** y sus perfiles es crear el suyo propio, AHORA!

¿QUÉ ES UN PERFIL DE LINKEDIN?

Un perfil de **Linkedin** es la forma como los usuarios individuales se representan a sí mismos con su fase de carrera, imagen profesional en el sitio (2,1). Típicamente contiene información sobre la experiencia de trabajo, formación académica, habilidades, recomendaciones; en algunos espacios, intereses del usuario en *influencers* o compañías que son referentes de la industria. Está también conectado a cualquier Página de **Linkedin** que les gusta, grupos temáticos o de eventos y marcas preferidas en cualquier categoría u otras personas conectadas a empresas, marcas, actividades más otros contactos CLAVE!. **Linkedin** es gratuito pero su modelo de negocio alienta a que los usuarios suban su categoría para acceder a información y tarifas privilegiadas en acciones de reclutamiento, ventas y desarrollo de negocios B2B o gestión de información para apalancar áreas o departamentos de Mercadeo (principalmente) y de Talento (complementariamente). Cuantos más usuarios hayan generado o buscando oportunidades, más empresas o individuos tendrán acceso a oportunidades u opciones; cuanto más datos se proporcionen libremente, más potencial de ingresos hay para el sitio y para sus usuarios, por supuesto. Aunque hay personas con ideas erradas sobre la privacidad en **Linkedin**, muchos usuarios son bastante abiertos con su información, y, es que **Linkedin** es una Red Social Limpia, Libre de Basura, Segura y sobretodo que genera, inspira y alienta a la gente a construir redes basadas en la CONFIANZA. Algunos usuarios en distintos niveles manifiestan preocupación por los problemas de privacidad que se originan de información pública, en particular respecto a que **Linkedin** por su naturaleza de red social, busca cada vez ser más abierto / dinámico. Hay muchas maneras de controlar la invasión de la privacidad en **Linkedin** pero la más común y recomendada, es por supuesto BLOQUEAR y/o REPORTAR perfiles dañinos, a los cuales, **Linkedin** como empresa (no como maquina) da respuesta efectiva con advertencias claras de comportamiento en red y «*netiquete*». Aunque hay que ser generoso con crecer nuestras redes integrando profesionales de perfiles variados para que sea más enriquecedor, también hay que tener muy claro cómo actuar con personas que se vuelvan un problema para nuestra reputación o que puedan potencialmente hacerle daño a **Linkedin** como plataforma o empresa. Las generaciones más jóvenes aunque personalizan más su información, están satisfechos al compartir detalles de sus carreras o emprendimientos, pues, entienden y valoran que esto significa una experiencia más *profesionalizante* que es útil al aprovecharse de la conexión con las marcas o empresas que conocen y admiran.

¿PERFILES DE LINKEDIN OPTIMIZADOS PARA NEGOCIOS?

La intención original de **Linkedin** (con algunas adaptaciones a presente y a futuro) era ser una red social para los profesionales. Inicialmente, **Linkedin** «hacia su red profesional, más rápida y más poderosa», luego (ahora), **Linkedin** «conecta a los profesionales del mundo para que puedan ser más productivos y exitosos», después, el enfoque será que **Linkedin**, « crear oportunidades económicas para cada miembro de la fuerza de trabajo global». Durante una época, digamos hasta 2008, **Linkedin** estaba concentrado netamente en profesionales pero simplemente se fue ampliando orgánicamente a cualquier persona en ámbitos empresariales, de negocios, de trabajo. Aunque su nicho más rápido de crecimiento es el de los estudiantes en últimos años universitarios y jóvenes graduados, **Linkedin** ha crecido significativamente entre emprendedores, ejecutivos de Mercadeo, Talento, Ventas y Reclutamiento, así como consultores y *freelancers* en un rango amplio de disciplinas. Aunque **Linkedin** es *trans-generacional*, la Generación X es mucho más activa (parece obvio que sea así). **Linkedin** siempre ha mantenido ciertas reglas para marcas y empresas. Una regla que muchos comerciantes encuentran frustrante es la distinción que **Linkedin** hace entre los tipos de usuarios y cómo se da esa distinción a los perfiles, las Páginas, las aplicaciones y soluciones empresariales o de negocios. Una cosa es un perfil optimizado para negocios y otra muy diferente una Página de empresa. No es recomendable (de hecho es un error) tener un «perfil de empresa», esto último, es en principio una contradicción, pues, los perfiles están diseñados para individuos y no para organizaciones. Si es recomendable sin embargo para quien pueda hacerlo con un dominio propio, tener una página de empresa como «Marca Personal» (persona pública o celebridad). Las Páginas de Empresa de **Linkedin** son muy poderosas pero usualmente desconocidas, ignoradas, abandonadas, poco utilizadas - mal utilizadas incoherentes o inconsistentes respecto al contenido publicado, pero eso no es culpa de **Linkedin**, es problema de los usuarios. Una marca relevante, por ejemplo, merece una página independiente que haga parte del ecosistema de comunicación de mercadeo de una empresa pero no se debería abrir un «perfil para una marca», a no ser que se trate de un «mascota» y que esté alineado a una campaña específica (esto no es común de cualquier manera). Uno de los fuertes relegados de **Linkedin** es apalancar acciones de *branding* bien con PALABRAS CLAVES o MEDIOS ENRIQUECIDOS, o, con anuncios. La información de contacto es un ingrediente básico en el proceso de «venta», por eso, llenar todos los espacios de información de contacto, es al tiempo táctico y estratégico. Los perfiles, bien solos o «conectados» a las Páginas de Empresa a través de administradores o profesionales que mencionen o seleccionen la empresa en sus perfiles, están vinculados de nuevo a cada acción en **Linkedin**, de esta forma, alguien siempre se puede hacer responsables de cada interacción y de las pieza de contenido que aparecen en el sitio así como de la reputación que se deriva de esto.

«SECCIONES» DEL PERFIL DE LINKEDIN (I)

FOTO

Nunca deje un perfil sin foto (y, en **Linkedin** SIEMPRE debe ser una foto formal), para algunos no es importante pero aunque no parezca o aunque no se crea, referencias en sondeos han mostrado que un número significativo de usuarios rechazan contactos potenciales por falta de foto. Un avatar temporal no está mal, pero no debe ser permanente.

NOMBRE

Debe ser completo y claro, **Linkedin** no es idónea para sobrenombres o nombres artísticos a no ser que se trate de figuras públicas o celebridades en casos especiales.

ENCABEZADO

Debe ser atractivo y descriptivo y ojala nunca dejarlo vacío pues un buen *headline* captura prospectos.

LOCACION Il INDUSTRIA

Opcional pero recomendable

INFORMACION DE CONTACTO

Llene TODO lo que le pidan. En **Linkedin**, dejar espacios sin llenar puede ser una oportunidad perdida.

«SECCIONES» DEL PERFIL DE LINKEDIN (II)

BACKGROUND

Habilidades y Ratificaciones (*Skills & Endorsements*)

Ponga todas las Habilidades que **Linkedin** le permita y pida el máximo de ratificaciones posibles.

Extracto (*Summary*)

Un extracto puede ser la diferencia entre ser llamado para una cita / presentación de ventas y ser descartado de inmediato como proveedor o consultor.

Experiencia (*Experience*)

Haga énfasis en su trabajo actual y en sus trabajos anteriores más significativos o que más le ayuden a impulsar lo que hace actualmente.

Educación (*Education*)

Ponga TODO lo que haya estudiado a cualquier nivel, si en algún lugar de Internet esto es completamente relevante es sin dudas en **Linkedin**.

«SECCIONES» DEL PERFIL DE LINKEDIN (III)

OTROS

Idiomas

Si es nativo en Español, Fluido en Ingles, recibió clases de Francés, Estuvo en Italia, Vivió en Brasil y eso se refleja en diferentes idiomas en distintos niveles, déjelo saber, nunca se sabe quién pueda considerar esto como un punto extra.

Organizaciones

Manifestar cuales son las organizaciones que usted apoya, dice mucho de estilo empresarial y enfoque profesional, así que no lo deje como un campo vacío.

Voluntariados & Causas

Ser o haber sido voluntario de una ONG internacional es tan importante como haber trabajado para una multinacional. No deje que algo valioso pase desapercibido.

Cursos

Los cursos son en algunos casos más relevantes por su especificidad que un posgrado. Dígalo.

Certificaciones

Si parte de su proceso de venta como individuo o representante de una organización, depende que usted sea certificado por SAP, ADOBE, HUBSPOT, SALESFORCE, GOOGLE, FACEBOOK o LINKEDIN, escribirlo en su perfil puede que no le ayude en primera mano pero quizás le ayude en segunda mano.

Puntajes en Pruebas

En algunos países, contextos o momentos, resultados como los de un TOEFL, SAT, GMAT, deben poder hacerse públicos para algunos procesos. Tal vez más para procesos de carrera que comerciales pero obtener puntajes satisfactorios no deja de ser relevante.

Honores & Premios

Le dieron una medalla, un diploma o una felicitación publica en bachillerato, el ejército, la universidad, un postgrado o en su trabajo?. Si le daba pena o no sabía dónde eso cabía, **Linkedin** le abre un espacio para hacerlo siempre y cuando ayude con metas comerciales o de carrera.

Proyectos

Las palabras Claves ayudan al posicionamiento natural en buscadores. Si está en proyecto relevante o va a estar en un proyecto relevante anúncielo.

Publicaciones

¿Ha publicado algo?. Regístrelo y muéstrelo.

Patentes

¿Ha inventado algo?. Dígalo y demuéstrelo.

Información adicional >Interés, Detalles Personales, Consejo para ser contactado.

Siempre nos hace falta espacio para poner eso de lo que no nos acordamos o que es importante pero no prioritario, bueno, eso va a aquí. En todo caso, siempre, manténgalo relevante.

«SECCIONES» DEL PERFIL DE LINKEDIN (IV)

RECOMENDACIONES

Las recomendaciones actúan no solo como una herramienta de comunicación y "garantía de calidad" personal en el ámbito profesional sino que son piezas de contenido especiales que ayudan a fortalecer el proceso de carrera o el proceso comercial. Téngalo presente.

CONEXIONES

Las conexiones son el corazón del *networking* y uno de los ingredientes claves de éxito en **Linkedin** en cualquiera de sus aplicaciones, incluyendo claro, cualquiera de las acciones de la mezcla de mercadeo.

GRUPOS

Aunque hay que reconocer que los grupos como "concepto" u "objeto" de interacción en las redes sociales son más divertidos y dinámicos en Facebook, en **Linkedin** adquieren una fuerza especial orientada a la innovación y el *co-working* convirtiéndolos en piezas fundamentales de la construcción colectiva y la creatividad corporativa si se usan apropiadamente en tareas, actividades, proyectos, programas, campañas, equipos, áreas, departamentos relativos a la comunicación integrada de mercadeo.

FOLLOWING

Seguir personas, noticias, empresas, universidades se vería como un acto impulsivo, mecánico e inútil en cualquier red social menos en **Linkedin**.

Influencers: Son individuos seleccionados o autorizados por **Linkedin** para hacer publicaciones de contenido, bien por su relevancia global o local como por su reputación. Vale la pena seguir varios 🔲

News: Siempre hay que estar bien informado pero si se trabaja en los negocios y son noticias de negocios el panorama de seguir una noticia es mucho más significativo. **Linkedin** es actualmente uno de las plataformas de publicación de contenido más importantes del mundo a partir de esto.

Companies: Todos tenemos marcas que deseamos y empresas que admiramos, bien para poseer sus productos o para referenciarnos de sus prácticas. Seguirlas es un placer pecaminoso que créanlo o no da frutos gracias al algoritmo de **Linkedin**.

Schools: Reconózcalo, hay universidades y escuelas de negocios que secretamente desea o deseó para pregrado o postgrado. Con *Linkedin for Education*, las Universidades y sus escuelas están más conectados con los profesionales del mundo de los negocios y las empresas que nunca.

CONFIGURACIÓN DE UN PERFIL DE LINKEDIN

Además del hecho de que se necesita al menos un perfil «escueto» configurado para todos los esfuerzos de mercadeo en **Linkedin**, también se puede usar el perfil como una especie de caja de arena para probar diferentes funciones/funcionalidades de **Linkedin** o sus características. La creación de su propio perfil le ayudará a entender los perfiles desde la perspectiva del usuario. Se necesita saber qué es lo que los usuarios ven, hacen, como lo hacen, y que les gusta o disgusta del sitio con el fin de entender lo que funciona (y lo que no) en el mundo del mercadeo en **Linkedin**.

INFORMACIÓN BÁSICA

Los usuario debe proporcionar un nombre y dirección de correo electrónico (además de información demográfica muy básica) para registrarse en **Linkedin**; casi todas las demás piezas de información son opcionales o en algunos casos simplemente no activarla pero una vez activada no es posible inactivarla. El perfil básico incluye información que requiere pensar muy poco, lo que mencionábamos como demográfica básica y similares. Aunque hay campos obligatorios, muchos pueden simplemente no ser llenados.

EXTRACTO

Haga lo que haga, nunca deje el *Summary* (Extracto) en blanco o limitarlo a unas pocas frases sin sentido. Esta es su oportunidad de ser creativo y describir lo que es y lo que le apasiona. ¡Hágalo personal, aunque también se detallan los principales logros que no quiere que nadie se pierda. Puede parecerle que no tiene nada que ver con el mercadeo en **Linkedin**, pero considerando que las marcas personales son las que hablan por las marcas corporativas, debería pensarlo de nuevo y pensarlo bien.

EXPERIENCIA & EDUCACIÓN

Linkedin de forma natural y orgánica ha ido dejando de centrarse exclusivamente en «profesionales titulados» y más en cualquier personas que haga parte de la fuerza de trabajo mundial. **Linkedin** se ha hecho mucho más diversa con respecto a la demografía, geografía y pictografía de sus usuarios. Las secciones de estudio y trabajo ha ido evolucionando poco a poco para concentrar una base de miembros auténticamente diversa, que, es finalmente donde surgen las oportunidades tanto para personas como para empresas. **Linkedin** no tiene un límite para experiencia de trabajo o formación académica porque **Linkedin** (aunque erróneamente se toma por un *Curriculum Vitae*) no es un *Curriculum Vitae* sino una plataforma que contiene información que en algunos casos se usa para tal propósito. **Linkedin** y sus voceros son enfático al decir que la vida y el trabajo están unidos y que en ningún caso, ninguno de los dos (vida o trabajo) se puede mostrar solo o separado en una línea rígida de eventos históricos sino más bien como un lienzo que se puede/debe ir modificando en la medida en que se van dando experiencias o formación. TODO lo que se estudia o en lo que trabajamos es significativo en algún momento de nuestras vidas y nuestros trabajos y cada pequeña acción puede ser determinante en el futuro de las oportunidades de negocios. **Linkedin** o mejor dicho, el algoritmo de **Linkedin**, utiliza esta información para buscar información relevante para el usuario y sus propósitos dentro del sitio.

Hay un vínculo fundamental con las acciones de mercadeo desde el perfil y es que, si la empresa para la que una persona trabaja o la institución en la que alguien estudia, tiene una página en **Linkedin**, los campos de edición van a buscar, precargar y mostrar por nombre completo (palabras claves o *metatags*) las alternativas de empresa por nombre. Al seleccionar la correspondiente y asumiendo que dicha Página tiene un buen estado, no solo va a desplegarse el NOMBRE DE ORGANIZACIÓN o MARCA direccionado con un vínculo a la Página en **Linkedin**, sino que va a mostrase el LOGOTIPO, también vincula a la Página en **Linkedin**. Esta es una opción que pocos conocen, descubren, usan u optimizan y es estratégico, táctico y significativo. Las cajas de descripción hay que llenarlas, no solo para aprovechar los espacios «vacíos» que sirven para hacer comunicación de marca o comunicación comercial poniendo PLABRAS CLAVES que son unos de los «combustibles de las redes sociales, sino también cargar MEDIOS ENRIQUECIDOS a manera de archivos o vínculos que son lo que contribuye al mercadeo de contenido. Los desplegables, si bien no son tan poderosos como los MEDIOS

ENRIQUECIDOS y las PALABRAS CLAVES, es mejor usarlos que dejarlos vacíos. Recuerden que el reclutamiento es en si mismo un ejercicio de mercadeo y ventas cuyo enfoque no es vender un producto o un servicio sino promover y posicionar «Marcas Empleador», por eso, cada micro-acción en una red social como **Linkedin** afecta el ecosistema de mercadeo tanto como de Recursos Humanos en un ejercicio comunicacional integrado. Considerando que cada vez más empresas y personas recurren a **Linkedin** para conseguir trabajo o conseguir nuevos talentos, esto es una oportunidad de oro para llegar a nichos de especializado en el mercadeo y venta de productos o servicios.

SEGUIR *INFLUENCERS*, NOTICIAS, ORGANIZACIONES Y ESCUELAS

Los «gustos funcionales» manifiestos en **Linkedin**, diferente a los *likes* de Facebook que tienen un énfasis más inclinado al entretenimiento, es que son orientados a la información.

75

Mientras que en Facebook los usuarios siguen cualquier cosa especialmente porque les gusta, en **Linkedin**, lo que seguimos es en **Linkedin** es porque nos sirve. En ambos casos, el gusto no excluye la utilidad y viceversa pero la naturaleza propia de cada red social determina el énfasis de lo que seguimos. No es lo Mismo seguir a Nike en Facebook que seguirlo en **Linkedin** y sería muy raro buscar y encontrar películas o series de televisión en **Linkedin** o igualmente «raro» buscar y encontrar Revistas de Ciencia en Facebook. Pero aunque se diera el caso de encontrar lo mismo en ambos lugares, el matiz de la misma cosa en cada canal/contexto ,es diferente por su aplicación: o vida o trabajo, divertido o útil, pasar el tiempo o invertir el tiempo.

De cualquier manera es tan sencillo buscar y agregar «objetos del deseo» en **Linkedin** que en Facebook y en algunos aspectos las plataformas no son competencia sino complementos y así debe verse, como parte de un ecosistema, como parte de la mezcla de mercadeo. Lo interesante y práctico de los *Likes* en **Linkedin** (*Follows*) es que son integrados por el algoritmo de

EL EFECTO LINKEDIN
por Andrés Velásquez

la plataforma no solo para mostrar anuncios sino para generar oportunidades claves de negocios o contrataciones.

Linkedin es una empresa cuya filosofía corporativa y de operación tienen intrínseca la innovación de la plataforma, por lo que permanentemente, se ven pequeños y grandes cambios, no solo en los perfiles profesionales, las Páginas de Empresa y las soluciones internas o externas de negocios sino en plataformas paralelas (este es el caso de *Linkedin for Educaction*, *Pulse*, el *Blog*, *Maps* o *Slideshare* entre algunos). **Linkedin** además es abierta a recibir *feedback* de los usuarios, pero lo fundamental es que escuchan a la gente e implementan cosas atractivas y útiles. En **Linkedin** cada cambio es realmente útil y favorable para la carrera de la gente o el desarrollo de negocios y empresarial.

No parece muy claro de pate de **Linkedin** porque ellos no hablan de «LIKES» sino de «FOLLOWS» cuando al parecer son «lo mismo» pero se trata muy seguramente de formalidad y de diferenciar plataformas. Independiente de esto, con cada «suscripción» se reciben notificaciones que pueden detenerse dejando de seguir lo que se está siguiendo.

INFORMACIÓN DE CONTACTO

Aunque algunos le presten poca atención para el mercadeo o los negocios y otros le den demasiada importancia para lo personal/profesional, la sección de información de contacto es de las más importantes y, mal manejada, es de las más sensibles. Para muchos usuarios puede resultar útil para buscar y conectar con viejos amigos o tomar comunicaciones

Si usted es un vendedor, TODA su información de contacto debe aparecer, estar completa y clara, de tal manera que sea parte integral y útil de su comunicación. Fallar en el contacto invalida muchos esfuerzos de captura de contactos o esfuerzos de comunicación. Es útil saber cómo funciona esta sección que si bien no es complicada siempre genera dudas y puede verse intrincada. Por eso, hemos puesto unos «*screenshots*» (Página anterior) para que sea un poco más fácil de entender. Lo que si debe quedar adicionalmente muy claro después de que se ha puesto la información es decidir (no bloquear) que será público o que será solo para los contactos.

El CORREO ELECTRONICO no solo esencial sino que es mandatorio-obligatorio, pues es entre otras cosas y en algunos casos la única manera de recuperar una cuenta que ha sido bloqueada o «*hackeada*»; además, es indispensable para registrarse en el sitio y queda registrado esa cuenta por defecto hasta que se modifique. Todo el resto de información es voluntaria o sugerida que puede controlarse para determinar quién puede o no puede verla. Es recomendable cruzar redes sociales poniendo en **LINKEDIN** *urls* (https://en.wikipedia.org/wiki/Uniform_resource_locator) de FACEBOOK y TWITTER. Los ajustes de privacidad que están fuertemente ligados a la información de contacto, permiten dejar completo el perfil y luego adaptar apariencias a determinados grupos o listados.

AJUSTES MODALES Y DE PRIVACIDAD

Junto con la capacidad de agregar y compartir toda esta información en línea, **Linkedin** también creó formas de mantener algunas secciones de un perfil más privado que otros. Algunas personas ponen barreras que reflejan el trabajo real sólo aceptando contactos que personalmente han conocido. Es la forma más sencilla de compartir lo que se quiere con quien usted quiere, sin embargo, hay que utilizar **Linkedin** de forma integrada en la configuración de privacidad y las listas de contactos. La configuración de privacidad permite controlar quién puede ver su información de contacto; también permite controlar quién puede ver su información profesional, incluyendo cosas como el día y mes de cumpleaños, estado civil, etc. Igualmente, permite determinar quién está autorizado a publicar en su espacio, crear etiquetas, hacer menciones o ver su perfil tanto en **Linkedin** como en los resultados de búsqueda públicos, incluyendo su foto y muchas otras piezas de información más. La configuración de

EL EFECTO LINKEDIN
por Andrés Velásquez

privacidad también le permiten ver qué «aplicaciones» se están ejecutando en su perfil y ajuste la programación de estas aplicaciones, o bloquear - eliminar aplicaciones antiguas que ya no usa o desea. Para los vendedores, entre más abiertas mantenga sus opciones de privacidad, mayor cantidad de contactos se pueden recopilar o utilizar para su orientación.

GRUPOS Y LISTA DE GRUPOS

Para ajustar la configuración de privacidad más fácil, se puede hacer de forma masiva y asignando un orden al momento de mostrarlos como prioridad. Se hace aún más fácil la administración pensando en ajustes de visibilidad, contactos y actualizaciones. También puede crear excepciones a la configuración para permitir que sólo unas pocas personas puedan ver ciertas partes. Los grupos por su membresía o manera de entrar los miembros se dividen en 2: «Auto-Join» (GRUPO ABIERTO) o *Request to Join* (SOLO MIEMBROS); esto determina también criterios de privacidad fundamentales por lo que hay que tenerlo en cuenta.

APLICACIONES DEL PERFIL

...

...

...

INTERACCIONES EN EL PERFIL DE LINKEDIN

Hay muchas maneras en las que usuarios de **Linkedin** interactúan con su marca en **Linkedin**, puede ser a partir de una página, aplicaciones o anuncios. Sin embargo, la interacción usuario - usuario es en realidad un poco más limitada, a pesar de la categorización de **Linkedin** como una red social. Los Contactos en **Linkedin** son conexiones de dos vías; es decir que un usuario solicita como contacto a otro usuario y espera la aprobación antes de que puedan compartir o interactuar de una manera significativa. Una vez que la conexión ha sido establecida, los usuarios pueden utilizar para comunicarse toda las funciones que se los permitan, como Mensajes Directos vía *Linkedin Inbox*, que es básicamente un email integrado a la plataforma pero no hay que escribir la dirección de email para mandar el mensaje, simplemente indicar envió de mensaje y /o escoger nombres, lo demás funciona igual con el «Asunto» y el «Cuerpo», **Linkedin** sin embargo no permite adjuntos, tiene sentido pues el contenido se mueve usando **Linkedin** pero a través de otros canales. El espacio preferido y sugerido de comunicación para los Nativos de **Linkedin** son las actualizaciones y publicaciones abiertas que se hacen en «el muro de **Linkedin**» (2,3). **Linkedin** es un sitio basado en conexiones, de ahí precisamente su atractivo, pero se está moviendo cada vez más hacia canales más abiertos de comunicación. Los usuarios que son Nativos de **Linkedin** se integran en este cambio, creando y comunicando oportunidades. Las publicaciones o actualizaciones en «el muro de **Linkedin**» son como leer boletines de email marketing pero que toda nuestra red puede ver; además están los CLASICOS Factores de Enganche/Social Media *Engagement* que hicieron famoso a *Twitter* y Facebook... con nombres iguales, similares o distintos pero conservando el objetivo original que se ha vuelto un estándar en las redes sociales> LIKE – COMMENT – SHARE ⊠ cambiaron el panorama de interacción humana y esto se ha extrapolado al consumo de contenido y por esa misma vía a la comunicación de MERCADEO. En **Linkedin** no está «bien visto» publicar fotos informales a no ser que se trate de fotos informales en eventos formales o corporativos que estén alineados a una estrategia de marca, pero, si se publican a través de *Influenciadores* o *Linkedin Publishers* (estos últimos, seleccionados y autorizados por empleados de **Linkedin**), artículos en un abanico gigantesco de temas que van más allá de un texto de 140 caracteres. Mientras más gente publica, disfruta, comenta, comparte y *viraliza* información, más contactos a todo nivel se enteran de lo que estamos haciendo, en que somos buenos que es lo que interesa en el ámbito profesional, empresarial, de negocios o de mercadeo. Así, se construye reputación y se favorece el posicionamiento. Como una regla social-digital generalizada y aceptada, todo el mundo quiere tener que ver con todo el mundo en las redes sociales y desde la aparición de estas mismas, pero mientras que en el mundo de Facebook prima el «entretenimiento», en el mundo de **Linkedin** priman las oportunidades. En **Linkedin** todos quieren un pedazo de esta inmensa torta de oportunidades que se generan cada segundo y el «*Muro de Linkedin*» (PANEL DE ACTUALIZACIONES» o de «ALIMENTACION») es la otra cara de la moneda respecto al perfil, es el *Front Stage* de **Linkedin**.

CAPITULO 03

BÁSICOS
DE LAS PÁGINAS
EN LINKEDIN

BASICOS DE LAS PÁGINAS* EN LINKEDIN

Una página de **Linkedin** no solo es clave sino que es LA CLAVE para el mercadeo en **Linkedin**; además, para la muchas de las estrategias de marketing de medios sociales y probablemente se convertirá en el centro de atención para una gran parte de los esfuerzos, de imagen, *branding*, de campaña y de promoción corporativa. *Twitter* y Facebook son grandes para cambios rápidos, pero para hacer «*StoryTelling*» empresarial, **Linkedin** es una pieza fundamental. Los usuarios en general han tenido que hacer clic en otro lugar, pero una página de **Linkedin** permite integrar varios elemento-factores de mercadeo empresarial en un solo lugar idóneo, mientras que también ofrece *customizacion* completa y variedad de interacciones. Muchas marcas han migrado parcial y lentamente a utilizar

«*Tabs*» de **Linkedin** en lugar concentrarse tanto en las viejas estáticas Páginas web tradicionales que se han vuelto destinos aburridos (en el mejor de los casos) las personas buscan interacción real y algunas funciones de **Linkedin** dan una sensación de integración «social», usualmente son fáciles de actualizar, y son especialmente útiles para campañas donde «el contenido es la nueva publicidad».

Pero incluso si prevé ofrecer otro tipo de información, a través de pestañas en las Páginas de Empresa de **Linkedin**, aún se debe invertir tiempo serio, por ejemplo en la descripción de productos y servicios (aunque el la pestaña especializada para esto ya fue retirada) y espacios de carreras que son una manera de lograr *viralizar* una marca de empresa a través de ofertas de trabajo interesantes y relevantes; en cualquier caso, deben destinarse recursos de tiempo, personas o dinero en preparar la *customizacion* de la Página de empresa en **Linkeidn** para una compañía. Construya su página para el éxito desde el primera momento poblándola con gran cantidad de contenido optimizado y desarrolle una estrategia de contenido para mantenerlo fresco y de paso también fresca la Página de su organización. Como los recursos son valiosos, se dejara pasar tiempo en el que usted o su compañía puedan actualizar y hacer mantenimiento y las entradas variaran según las metas o política de revisión/renovación de la Página; todo lo anterior es fluctuante pero se recomienda -por supuesto- que sea constante. Revise y actualice cada cuarto de año a finales de Marzo, Junio, Septiembre, Diciembre (*Quarters* I, II, III, etc).

Linkedin, detalla las normas estrictas sobre quién puede tener un perfil en **Linkedin**, esto es igual o similar a todas las redes sociales. En sus inicios, **Linkedin** era un sitio relativamente cerrado accesible sólo para profesionales; cada usuario era un individuo y cada profesional tenía un perfil único. Cuando **Linkedin** empezó a abrirse a todo tipo de personas en ámbitos de trabajo, las marcas empezaron a ver algo que merecía la atención y las empresas desde entonces se han apresurado a ver el potencial de llegar nichos especializados de manera diferente y eficiente. En ese momento, **Linkedin** no estaba anticipando ser una «marca pesada» o una «empresa reconocida» o una «red social líder» de la que tanta gente quisiera ser parte; la plataforma de anuncios de **Linkedin** (similar en algunas cosas a Facebook) ha sido de los pocos «guiños» a la comercialización servicios. Así que los perfiles profesionales de la gente con roles de vendedores o empresas que creaban perfiles (cuando los perfiles están diseñados para las personas) se habían convertido en una rara y apetecible opción disponible en ese momento en una plataforma que apenas mostraba signos de crecimiento. Esto ha evolucionado y ha funcionado, en algunos tiempos mejor que en otros; los profesionales independientes, los pequeños empresarios, las marcas locales podían empezar al menos, a «volar por debajo del radar». Sin embargo, el mantenimiento de «Perfiles Profesionales» de «entidades no humana» es tonta y torpe (es decir, por ejemplo, cómo responde una empresa a la pregunta: ¿Dónde estudió?; las preguntas del perfil no podían ser respondidas por empresas sino por personas, la única excepción valida ya mencionada es quizás la de una «Mascota» que sea portavoz de una marca. En la medida que **Linkedin** comenzó a tomar nota de las marcas/empresas que se hacían pasar por personas, inteligentemente propuso y creó un lugar en su sitio (3,1), así, en lugar de advertirle a las empresas con «perfiles de personas» que debían retirarse por abusar de los Términos de Servicio, diseñó una alternativa para que los Términos de Servicio fueran otros y en otro contexto, y, que esto no impidiera aprovechar una gran oportunidad que había llegado como una revelación por parte de múltiples usuarios inconformes pero proactivos. Esto cambiaria todo el panorama y sentaría un hito para **Linkedin** y para las Redes Sociales como ecosistemas digitales que contienen lo empresarial, corporativo, comercial, de comunidades de consumidores, comunicacional, de mercadeo, marcario y publicitario (sin contar con el *Networking* y el *Engagement* que viene por defecto o como resultado de todo lo anterior).

Los términos de las Páginas de Empresa en **Linkedin** se establecen claramente como parte general de los Términos del Servicio que se aplican para todos los usuarios en toda la plataforma aquí>

https://www.linkedin.com/legal/user-agreement

Y, si quedan dudas, se puede recurrir al *"Company Pages - Frequently Asked Questions"*> http://help.linkedin.com/app/answers/detail/a_id/1561/~/company-pages---frequently-asked-questions

DIFERENCIAS «OBVIAS» ENTRE UN PERFIL PROFESIONAL Y UNA *PÁGINA DE EMPRESA* EN LINKEDIN

La forma más fácil de determinar qué diferencia una página frente a un perfil es comparar los «verbos» que **Linkedin** utiliza para que las personas o entidades interactúen en el sitio: CONTACTO (Contactar), SEGUIDORES (Seguir). Una cosa es la persona con la que usted estudio y/o trabajo (*«Co-Workers»* / *«Colleages»*) y otra muy distinta la persona que usted ha enganchado como marca – empresa y a quien le comunica de manera casi impersonal lo que hace su organización o campaña. Ciertamente, tampoco una persona en **Linkedin** puede agregar como CONTACTO a una marca o empresa y a su vez una marca o empresa pueden obligar a un usuario a ser sus seguidores. **Linkedin** cambia con regularidad (no radicalmente) pero siempre en cada Página de empresa habrá información que le permitirá saber sobre que es la Página y es demásiado obvia y diferente la razón por la cual un individuo no puede ser Contacto de una empresa y una Organización no puede meter como Seguidor a un usuario.

Probablemente las Mascotas de Marca, Figuras Públicas o Celebridades sean las únicas excepciones o casos donde funcionaria bien tanto una Página como un perfil ...un Ejemplo extraordinario es el Consultor que ha usado además su nombre como Compañía Consultora pero esto no se ve a menudo y si los consultores lo descubren estarían frente a una oportunidad de comunicación o alternativa en la mezcla de mercadeo que es además de muy poderosa, subutilizada .

Es raro (en todos los sentidos de la palabra) que una persona corriente se vuelva un contacto del presidente de su país (en Facebook hacerse Amigo del Presidente del País es igualmente extraño aunque sería bastante normal ser un seguidor en *Twitter* y al menos por ahora sería extraño que estuviera en *Pinterest*; agregarlo a un circulo en Google+ suena más pertinente); a pesar de que figuras presidenciales como Barack Obama {http://en.wikipedia.org/wiki/Barack_Obama} en realidad tienen un Perfil Profesional bastante activo en **Linkedin**, no importa que tan «cerca» esté usted de él por grados de separación (2º / 3r) {http://en.wikipedia.org/wiki/6_degrees_of_separation_pheno menon}, puede pasar una de dos cosas o dos cosas: 1. Simplemente van a ignorar su petición de contacto / 2. Acepten su petición de contacto pero al menos para el lado del más «popular» (es decir el presidente de su país), usted va a ser insignificante o poco relevante. Claro, como hay excepciones pero las excepciones son tan raras como la solicitud en sí misma. Lo que si sucede en **Linkedin** es que usted puede ser INFLUENCIADO por el contenido publicado por Barack Obama como INFLUENCIADOR (que es un perfil profesional normal con optimizaciones especiales diseñadas y autorizadas por **Linkedin.** Entonces, tal vez usted decida ser contacto del presidente y él lo acepte pero para casos como este, «Seguirlo» en la dinámica INFLUENCIADOR – INFLUENCIADO, sea mucho más sano y práctico para él y para usted. En términos de mercadeo -de marca personal o de la marca corporativa de su empresa donde el vocero principal es usted-, lo que puede y debería intentar, es convertirse en INFLUENCIADOR, eso, seria, aparte de muy útil para el posicionamiento, muy *Cool* para usted tener INFLUENCIADOS masivamente ⍰. Desafortunadamente, volverse *Influenciador* es más difícil que ser Influenciado.

¿...QUE/QUIEN REQUIERE UNA PÁGINA Y NO UN PERFIL?

En síntesis, todo lo que no es un humano en sí mismo (sacando como dijimos (políticos y/o celebridades), requiere una Página (o un grupo, en su defecto, según el objetivo; pero ese último entra en otro momento de este libro).

TIPOS DE PÁGINAS DE EMPRESA
(¿...SEGÚN EL TIPO DE EMPRESA?)

Es mejor no acercarse / pegarse demasiado a etiquetas que la gente o las organizaciones vana va a deducir de todos modos. **Linkedin** no tiene una taxonomía amplia para los tipos de empresa o tipos de Páginas de Empresa. Para el usuario estándar o usuario final, quien decide hacerse seguidor realmente es poco relevante la categoría de Página de empresa que se decida poner; sea de un Local / Lugar, Compañía / Organización, / Institución, Marca de Producto o Marca de Servicio, Celebridad o Figura Publica, la gente que los va a seguir lo hará con o sin etiquetas de «TIPO DE...». Las Causas o Comunidades van mejor como Grupos que como Páginas de Empresa. Facebook es más versátil con las categorías de las Páginas de Fans, que **Linkedin** con las Páginas de Empresa, este es más enfático en las descripción y la optimización con textos de palabras claves y bloques de medios enriquecidos +

publicaciones. La configuración de información en la suite de Páginas de Empresa en **Linkedin** es otra cosa y no cabe la explicación aun, sin embargo, se hacen algunas preguntas muy básicas que muestran lo mínimo que la Página debe tener para estar «al-aire». Hay información que no se puede cambiar después de haber creado la Página pero en **Linkedin**, campos como el nombre de la empresa se pueden cambiar sin problema en cualquier momento (hasta ahora por lo menos); de cualquier manera, sea claro con el nombre desde el principio y que las descripciones estén alineadas con lo que se desea lograr e ir ajustándolas en la medida que pase el tiempo (como actualizaciones periódicas).

CREAR Y *CUSTOMIZAR* UNA PÁGINA DE EMPRESA EN LINKEDIN

Una vez elegido un nombre para la página de empresa y la categoría básica, es el momento de personalizarla e ir poniendo o creando contenido. No es necesario difundir la página de inmediato, puede mantenerla «en silencio» mientras aprende. Debido a las opciones de personalización (3,5), es útil pensar primero lo que debería poner o pre-diseñar antes de comenzar. Aunque suene prematuro, trate paralelamente, de desarrollar una estrategia de contenido y un calendario que incluya publicaciones automatizadas (Revisar: Hootsuite.com e IFTTT.com)

Usando «*feeds*» de sitios externos, como RSS de su blog o de otros Blogs.

Linkedin tenía una serie de aplicaciones para activar como parte de las Páginas y los perfiles, pero las ha ido validando, cambiando, agregando, reduciendo o quitando; ya prácticamente estas aplicaciones no se ven o se encuentran en fases «beta» de revisión sin saber si las van a volver a poner, a futuro, tal vez lleguen reemplazos interesantes y útiles; pero, en términos de mercadeo, no está muy claro aún el rol de las aplicaciones en **Linkedin**.

Hay un sitio de **Linkedin** donde se puede encontrar más información acerca de las *Páginas de Empresa de Linkedin>* www.linkedin.com/company/ - http://business.linkedin.com/marketing-solutions/company-pages/. Dentro, **Linkedin** ofrece consejos y recursos para los administradores de las Páginas de Empresa en **Linkedin**.

LINKEDIN *COMPANY PAGE* «TABS» (BÁSICOS)

De alguna forma, similar a los perfiles, las Páginas tienen «*tabs*» o espacios de información principales: el «Acerca de» / «Home», «Carreras», El «*Muro de Linkedin*» y el «como estas conectado», Las personalizaciones son limitadas en **Linkedin** a no ser que se trate de desarrollos especiales autorizados a los cuales pocos acceden.

«MURO»
El «muro» que no es en si una pestaña/ficha se abre de manera predeterminada como destino *estándar* en la pestaña/ficha

«Home» de la Página de la Empresa en **Linkedin**. Aquí, la gente puede ENGANCHARSE con mensajes o contenido público e incluso ofertas laborales, posteado esto a través de la funciones ya clásicas en las redes sociales LIKE, COMMENT, SHARE,... / Los administradores de la Página pueden actualizar su estado (*Status Updates*) que son otro de los pequeños grandes inventos de la era de las redes sociales. Es posible explorar publicaciones pasadas pero no es fácil encontrarlas si son muy antiguas pues el «*scrolling*» requiere que sea manual y la función de búsqueda no va bien para este propósito. Las empresas no pueden seguir empresas o personas, por lo que lo que las empresas publican solo puede ser visto como usuarios-persona y no como rol-empresa. Incluso si una persona no es seguidora de una empresa en **Linkedin** igual puede ver lo que se publica e interactuar con contenidos dentro de la Página pero no recibirá actualizaciones o «*news*» en el «FEED» de su propio muro hasta que se haga «*Follower*» de la empresa en su Página de **Linkedin**.

INFORMACION

La ficha de «Home» muestra la totalidad de su empresa o información de la marca. Facebook irónicamente en este sentido es mucho más robusto y completo, aunque tal vez no deberíamos decirlo aquí ☺. Los Textos o Bloques disponibles en esta ficha, depende también, de cierta forma del tipo de empresa o categoría de Página que haya elegido. Todo lo que se publica en **Linkedin** es *Indexable + Indexado* en Motores de Búsqueda como Google, así que no importa si usted publica como individuo o como empresa, tenga cuidado con lo que pone y difunde.

FOTOS

No hay y probablemente no habrá nunca o en mucho tiempo con características especiales, un «*Tab*» de Fotos en **Linkedin**, parece como si estas fueran un elemento de distracción por diversión en una plataforma destinada a los negocios. **Linkedin** aparentemente «reemplaza» el deseo o la intención de los usuarios de poner fotos dando la opción de cargar en el perfil «MEDIOS ENRIQUECIDOS» *multiformato*. Si usted tiene una idea que le funcione a **Linkedin** para integrar fotos con un criterio «profesional» puede sugerirlo como retroalimentación (https://help.linkedin.com/app/home/loc/ft/trk/biz-overview-internal/)

APLICACIONES PARA LAS PÁGINAS DE EMPRESA EN LINKEDIN

Linkedin viene *precargado* con varias aplicaciones desarrolladas por **Linkedin** o por desarrolladores externos o «Partners», estas incluyen más aplicaciones, otras plataformas, sistemas como *dashboards*, medios / sitios *multiformato*, medios tradicionales en versión *online*, blogs y publicadores de contenido: *Behance, Evernote, Hootsuite, Photobucket, The Economist, Wordpress,* y creciendo.

Algunas existían antes de la introducción de las redes sociales o las Páginas de fans o de empresa.

La funcionalidad de las aplicaciones es usualmente bastante auto-explicativa: la mayoría permiten que usted cargue contenido o lo maneje. La estrategia o táctica de Mercadeo en **Linkedin** Facebook debe sin embargo ir más allá de las aplicaciones básicas.

APLICACIONES CUSTOMIZADAS

Linkedin permite a desarrolladores que están autorizados crear aplicaciones que deben ser aprobadas. Dependiendo de su tamaño, presupuesto y estrategia, es posible que desee desarrollar aplicaciones propias – personalizadas para Páginas o perfiles o, simplemente, tomar el control de la personalización de tabulación y diseño. Algunas aplicaciones disponibles pueden ayudarle a poner en marcha rápidamente campañas (w. *Hootsuite*) o añadir más contenido inteligentemente (w. *Wordpress*), proporcionan un poco más de control. **Linkedin** desafortunadamente no tiene aplicaciones para insertar «*tabs*» de aterrizaje como escenarios persuasivos o formularios de captura de datos pero estamos seguros que ese desarrollo llegará. De cualquier manera, en la medida de lo posible, es mejor diseñar aplicaciones propias sobre las que se tenga control.

APLICACIONES CUSTOMIZADAS PARA LOS USUARIOS

Algunas aplicaciones se han diseñado para la interacción de los usuarios y pueden estar sólo tangencialmente relacionados con su marca. Por ejemplo, SLIDESHARE que hace parte del portafolio-sombrilla de **Linkedin** es una plataforma ideal para hacer *Branding* de Contenido, lo que se publica en *Slideshare* queda visible en algunos casos automáticamente y en otros casos manualmente en el Perfil Profesional o en el *Feed* de **Linkedin**. En el sentido inverso, algunos Medios Enriquecidos puestos en **Linkedin** tienen como repositorio a *Slideshare* aunque esto funciona internamente y no está muy claro de cara al usuario por lo que pocos lo saben y por consiguiente no se tiene mucho control. La buena noticia es que tanto **Linkedin** (empresa & plataforma) así como *Slideshare* siendo Producto/Marca de **Linkedin** son seguras y «limpias» por lo que la interacción del usuario en cualquier vía, es segura y por supuesto también la presencia de marca y de empresa a través de lo que se publica. **Linkedin** no acepta a cualquier desarrollador como «PARTNER pero si su aplicación es fundamental para su marca se puede hacer un esfuerzo de programación & diseño y solicitar ser considerado y aceptado por **Linkedin**.

OTRAS APLICACIONES IMPORTANTES QUE FUNCIONAN COMPAÑIAS

* Apply With Linkedin
* Sign In with Linkedin* / Log In with Linkedin*
* Autofill with Linkedin

OPTIMIZACIÓN DE LINKEDIN (LIO) / «LINKEDIN SEO»

(FUNCIONA PARA PERFILES y PARA Páginas)

Para maximizar el retorno de su inversión (ROI) en **Linkedin**, usted quiere asegurarse de que está recibiendo visitas que mantiene una base de miembros en su/sus Páginas de Empresa o perfiles. Para ello es necesario aplicar una optimización básica del motor de búsqueda interno de **Linkedin** que esta «pre-conectado» con buscadores tradicionales como *Google* o *Yahoo* (SEO), incluyendo como palabras clave, conocimientos, habilidades, descripciones de productos o servicios, nombres de marca, medios enriquecidos (que se indexan también pero de manera diferente) como contenido, esto puede ser pagado u orgánico pero usualmente lo orgánico toma más tiempo y lo pagado no siempre es efectivo si esta desalineado con la estrategia de mercadeo. Así, las Páginas/Perfiles y lo que se ponga en estos podrá ser «fácilmente» encontradas en Internet (como norma general).

Búsqueda Orgánica

Las Páginas de **Linkedin** así como perfiles optimizados para los negocios, las ventas, el mercadeo o el *branding* son indexados por los motores de búsqueda. **Linkedin** tiene acuerdos solidos con Google y Microsoft para dejar su contenido social bajo una funcionalidad llamada búsqueda en tiempo real. La Página / El Perfil será visible en los resultados de búsqueda siempre que usted o su empresa hayan hecho correctamente la optimización e incluso puede ser visto por personas que no tienen una cuenta en **Linkedin**.

Búsqueda de Linkedin

El buscador interno de **Linkedin** es exigente, pero es cada vez mejor. Como pueden imaginarse, *ranquearse* bien en una búsqueda interna de **Linkedin** es más importante incluso que *ranquearse* externamente en Google. Si alguien busca su marca directamente dentro de **Linkedin**, ya sabe lo que quiere y es casi seguro que hará *click* en «SEGUIR» cuando llegue a su página. Cuando la optimización de su página de **Linkedin**, se centran principalmente en las palabras clave y en los medios enriquecidos, **Linkedin** añade otros atributos a los enlaces, por lo que es difícil dejar pasar un buen vinculo web. Un buen contenido robusto en palabras clave y medios enriquecidos es una estrategia que debe estar en el centro de su plan de optimización de Páginas, ya que ayudará a nuevos usuarios a encontrarlo a usted, a su marca o a su empresa y mantendrá a los usuarios antiguos regresando donde usted los necesita. Por supuesto, también se incluirán todos los vínculos importantes (por ejemplo a una Página web, una Página de aterrizaje, un formulario de captura de datos, blogs, y sobretodo, otras redes sociales, de esta manera, la gente que a usted le gustaría tener en **Linkedin** también tendrá más opciones fáciles de navegación ligadas o no a **Linkedin**.

OPTIMIZACIÓN DE LA PÁGINA DE EMPRESA
(Y DE LOS GRUPOS)

La optimización de su página comienza con la configuración y continúa a través de su estrategia de marketing en **Linkedin**. Los siguientes puntos ayudarán a empezar una página por el camino correcto y habilitarlas para optimizarlas mejor más adelante a través del diseño integrado de información vía palabras claves y de contenido vía medios enriquecidos.

Elegir un NOMBRE de página descriptivo y un URL.

Elija un buen nombre de página (por lo general es el nombre de marca o incluso un lema) y aliente al menos un grupo de 100 personas para seguir su empresa a través de la Página de empresa en **Linkedin**. **Linkedin** no permite escoger «Vanity URLs» que son URLs de la Página de Empresa personalizados sino que los asigna por defecto una vez se ha puesto el nombre, por eso hay que ser muy claros desde el principio y evitar errores obvios de sintaxis o poner cosas ridículas / vergonzosas de las que se arrepienta en un futuro y que no pueda retractarse por tener ya una gran comunidad construida que no puede darse el lujo de perder. Los URLs personalizados son importantes porque después del formato LINKEDIN.COM/... debe haber algo fácil de recordar y ligado a su marca de forma coherente y consistente.

Llenar toda la sección de INFORMACION

Asegúrese de tomarse el tiempo que sea necesario para elegir las categorizaciones adecuadas para la Página de empresa de su empresa en **Linkedin**. La categoría que elija, afecta el qué y cuánto se puede agregar a la ficha de Información. Rellene TODA la sección de información y use muchas palabras claves relacionadas con sus productos, su marca, su historia, su filosofía, su misión, su visión, sus valores y sus relaciones; también, agregue todos sus sitios web relacionados, incluyendo Blogs, tiendas en línea, *Twitter*. Esto último va muy bien en las Páginas pero va mejor en los Grupos (3,11,1 y 3,11,2).

Utilizar los espacios relativos al «ACERCA DE»

Una de las características más infravaloradas y a veces olvidadas de una Página de Empresa en **Linkedin**, son esos pequeños espacios con campos predeterminados que complementan la información del «Home». Aquí también **Linkedin** y los buscadores externos indexan y reconocen palabras claves y, cuando **Linkedin** lo ha tenido o permitido, se pueden insertar medios enriquecidos *multi-formato*. Nunca se olvide de PUBLICAR PUBLICAR PUBLICAR CONTENIDO CONTENIDO CONTENIDO. Publicar Contenido es una Forma Inteligente en el Mercadeo con **Linkedin** para complementar el «ACERCA DE» y además entregar algo valioso a su comunidad de marca o su comunidad empresarial, de consumidores, clientes, proveedores, socios y grupos de interés

(«*StakeHolders*»). Los límites de palabras son flexibles y amplios, así que sea generoso, cuando se trata de información para decidir, las personas y las empresas valoran más lo descriptivo que lo escueto. No olvide que también puede agregar enlaces web. Procure mantenerlo actualizado para seguir atrayendo nuevos seguidores y mantenga los contenidos como tácticos de posicionamiento y la publicación de estos como parte de la estrategia combinada de mercadeo en curso.

OPTIMIZACIÓN A TRAVÉS DE UNA ESTRATEGIA DE CONTENIDO

Para mantener su posicionamiento y llevar tráfico a su página de empresa en **Linkedin**, tiene que revisar y actualizar con «regularidad disciplinada» el contenido y la información en esta. Constantemente la página debe ser actualizada con nuevos contenidos a través de ambas publicaciones automatizadas y manuales.

Promover Contenido de forma «cruzada»

Ir más allá de simplemente incluir enlaces a su sitio web es más sencillo, creativo y efectivo de lo que se cree. Además se pueden conectar sistemas o aplicaciones de automatización de esos contenidos (ver: *Hootsuite* + IFTTT) (3,12). La sindicación de contenido o implementación del uso de RSSs de un blog o grupo de Blogs, *Twitter*, etc, puede ayudarle a poner en su «muro» de **Linkedin** (Perfil) o en el «muro» de su empresa en **Linkedin** (Página) contenido llamativo, interesante, relevante, valioso y útil; al ponerlo así, se mantiene un flujo constante de nuevos contenidos o contenidos renovados que, por supuesto, pueden llevar enlaces y generar tráfico a sus sitios sin tanto esfuerzo extra.

Fomentar el Compromiso (ENGAGEMENT)

Una parte importante de una estrategia de contenido es que este esté impulsando interacciones. Cada interacción en su página o para su empresa a través de su perfil, ya sea en forma «LIKES», «COMMENTS», «SHARES» o REPLICAS funciona como un voto para su Página y matemáticamente al cabo de un tiempo termina convirtiéndose en el robustecimiento de su comunidad de seguidores. Esto, también lo mantiene en sus fuentes de noticias de los miembros; a medida que interactúan con nuevos elementos, sus contactos (perfil) o seguidores (Página) verán esto y serán atraídos inteligentemente donde usted les sugiera llegar o donde el algoritmo de **Linkedin** los lleve.

Mantener el contenido fluyendo

La parte más importante de una estrategia de contenido es para mantenerlo en marcha! Nadie va a interactuar con una Página de empresa estancada o perfiles profesionales de personas asociadas a la empresa que están pobremente administrados. MUCHA GENTE HARA UN «UNFOLLOW» SI USTED NO ESTA ENTREGANDO CONTENIDO, recuerde que es tan fácil como hacer *click* en un botón. Un *Feed* de RSS automatizado puede ayudar, pero asegúrese de añadir contenido específico y propio de **Linkedin** también (ver: **LinkedINFluencers**). Aquí, así, es donde realmente se puede impulsar la participación pidiendo a la gente comentar sobre

Artículos, Videos, *Podcasts*, Fotos de Eventos Corporativos, Presentaciones y así sucesivamente. Esto, claro, como parte de una promoción, campaña o mediante el desarrollo y publicación de información oportuna, específica que fomenten el intercambio. Y, por encima de todo, que respondan a las expectativas y/o necesidades de sus contactos o seguidores que se enganchan con usted o con su empresa a través de usted.

PROMOVER SU PÁGINA DE EMPRESA EN LINKEDIN (I)

Usted ha configurado su página y creado una ficha personalizada y el contenido optimizado está fluyendo. Ahora es el momento de promocionar la página de empresa y convencer a la gente deben seguirla. Las mejores promociones incorporan una combinación de lo pagado y lo orgánica así como ofertas de incentivos a través de *contenido que actua como publicidad o publicidad que actúa como contenido.* Trate de usarlos todos según sus objetivos y recursos pero antes asegúrese de que su Página esta lista para ser presentada. los tres; sólo asegúrese de que su página está lista para ser presentada antes de empezar a pedirle a la gente que se «una».

Publicidad Pagada

Puro y simple: usted puede comprar anuncio de **Linkedin**. De hecho, **Linkedin** espera que usted se convierta no sólo en una marca, sino también en un anunciante (ahí, radica en parte su modelo de negocio). Si usted puede destinar recursos y desea ganar seguidores, rápidamente, esta podría ser una vía a seguir. Eso sí, no puede confiar 100% en esta por sí misma sin no se mezclan otras alternativas, ahí es donde entra la parte estratégica de ver y usar a **Linkedin** para esfuerzos de mercadeo.

Promoción Orgánica

Ponga inteligentemente, enlaces de su página de empresa en **Linkedin** a través de su sitio web y añádalos a la cabecera o pie de página de correos electrónicos que use para campañas de email marketing. Mejor aún, escriba un blog acerca de la nueva página de empresa en **Linkedin** y envié correos electrónicos a todos sus suscriptores informándoles que hay una nueva Página de empresa (de su empresa) en **Linkedin** y que está ya «en Vivo». Mucha gente probablemente habrán estado esperando por esto; puede, ya de forma tradicional o incluso «online» hacer una campaña o evento de lanzamiento, y luego colocar enlaces permanentes en el sitio web, blog y por supuesto, enlaces apropiados, funcionales en su Página de empresa en **Linkedin**. Haga esto para TODAS las comunicaciones por correo electrónico en el futuro. Es en serio ☺

Ofertas / Incentivos

A todos nos gustan las cosas gratis, y, aunque esto podría funcionar perfecto en Facebook hacerlo por **Linkedin** puede ser de mal gusto si no se maneja muy bien alineado con su marca, **Linkedin** no es una galería o una tienda en línea, se parece más (y de hecho se dice que es) una plataforma de «*publicacion*» (*publishers & Publications*). Por eso, si va a hacer promociones de entrega de productos físicos o prestar un servicio con «descuentos», analice a **Linkedin** para saber si es el canal o uno de los canales que puede o debe usar, si es así, adelante. Lo que si puede usar como incentivo es CONTENIDO (ver: SLIDESHARE.COM) y no se imagina tanto que lo valoran y lo efectivo que es como herramienta de comunicación de mercadeo; una sencilla, pero bien diseñada y estructurada Presentación, *Whitepaper*, Infografía, Manual, e-Book u otro formato similar o relacionado son muy poderosos en las redes sociales. No olvide, que debe estar de acuerdo al estilo del canal!!!. Ofrezca información exclusiva o presentada de manera diferente y atractiva; enganche a los seguidores de su Página con la promesa de CONTENIDO EXCLUSIVO. Yo lo he probado y es irresistible para los seguidores y, porque no, hasta divertido para la gente involucrada en el proceso (3,13). Lo vuelvo a decir, apalánquese de sus plataformas o campañas de *email marketing* o *entradas de blog* para dar a la gente muchas y mejores razones para *cliquear* en **EL BOTON AMARILLO DE FOLLOW** y HAGA QUE SE VUELVA **UN BOTON GRIS QUE DIGA FOLLOWING** para cientos de miles de personas. Esto último es posible porque **Linkedin** ya tiene más gente que los Estados Unidos de América. No tiene que volverse loco con «regalos» físicos cuando puede regalar información que enganche a la gente con su marca y los vuelva seguidores de su empresa. Ya para cerrar, siempre, siempre esté dispuesto a ofrecer algo y hágalo.

INTERACCIONES EN LA PÁGINA DE EMPRESA DE LINKEDIN

Hay muchas formas en que los usuarios pueden interactuar con su página de empresa en **Linkedin** desde el flujo continuo de actualizaciones de estado y los mensajes o archivos que aparecen en el FEED a archivos de medios de comunicación que pueden ser comentados. Aplicaciones a la medida, especialmente las diseñadas para la interacción del usuario, también son impulsadas con *clicks*. Cada interacción trabaja para mejorar su clasificación y mantener su nombre «en lo alto» del suministro de Noticias de **Linkedin**.

«*Posteos* en el Muro»

El medio preferido de comunicación para los usuarios nativos de **Linkedin** es poner actualizaciones en el «muro», ya que estos son rápidos y fáciles de ver (3,14). También están abiertos y visibles para el público y esto es ideal para el reconocimiento y reputación, pero no tanto para quejas o reclamos. Aunque **Linkedin** en si mis ano es una plataforma diseñada para servicio al cliente se puede acercar a esto para apoyar el contacto cercano con consumidores, pero, no abuse de esto hasta que hayan espacios (*Suites*) o aplicaciones (*Plugins*) dentro de la plataforma optimizados para esto.

Comentarios sobre Aparición en Medios Tradicionales (Online u Offline)

Los miembros de su página se pueden ver y comentar todo lo que subas a la página. Tomar fotos en eventos para fomentar la afición y el etiquetado cuando las personas ven a sí mismos, y lo consideran un comentario foto concurso para obtener el compromiso de ir, sobre todo desde el principio.

Actualizaciones en/de la Bandeja de Entrada

Estos mensajes no ayudan a su interacción en la Página de Empresa en **Linkedin** directamente, pero se puede utilizar para mensajes sueltos intercambiados con miembros de grupos o seguidores de la Página de empresa para mantenerlos alerta de cambios específicos que le convengan por ejemplo, a ciertos equipos de trabajo o ciertos grupos de clientes. Los mensajes internos pueden y en algunos caos deberían considera la inclusión de enlaces para enviarlos directamente con el contenido con el que se quiere que los personajes interactúen.

Aplicaciones Personalizadas

Al diseñar una aplicación personalizada, asegúrese de pensar «socialmente», es decir, bajo el contexto de la dinámica de las redes sociales. Proporcionar formas fáciles para que los usuarios compartan los resultados de su aplicación con contactos o, invitar a otros a probarlo también. Incluya un botón de compartir en todas las etapas de la interacción con la aplicación para que los usuarios puedan publicar con ayuda de esta, o a partir de ahí, en su «suministro» de noticias en el MURO DE LINKEDIN (*Feed*).

CAPITULO 04

LOS GRUPOS EN LINKEDIN

LO BÁSICO DE LOS GRUPOS DE LINKEDIN

Los Grupos en **Linkedin** se establecen usualmente por iniciativa de los seguidores de una empresa o una marca. Aunque lo ideal es que las empresas sean quinees crean sus grupos, aun es virtualmente imposible impedir que se creen grupos de empresa/marca por parte de individuos no vinculados directamente a estas. Grupos de empresa / organización creados por externos que son muy comunes son los Grupos de ALUMNI o egresados de universidades o escuelas de negocios o ex - empleados de una compañía; sin embargo, diferente a las Páginas de Empresa, hay grupos en los cuales se debe solicitar primero un permiso que es otorgado por un administrador del grupo bajo criterio de esta misma persona. Los grupos en **Linkedin** también son mucho más rápidos y

EL EFECTO LINKEDIN
por Andrés Velásquez

fáciles de crear que las Páginas de Empresa e irónicamente (comparado por ejemplo con los de Facebook), tienen más funciones y mucho más poderosas en algunos casos, por lo que tanto administradores o seguidores se apresuran para ponerlos en marcha. No se confunda, la mayor parte de sus esfuerzos de mercadeo en **Linkedin** debe partir de una página de empresa en **Linkedin** y no de un Grupo de Empresa; Las Páginas son y deben ser el canal oficial para las marcas para llegar a los prospectos o clientes, esto no es un invento espontaneo, esto hace parte de los lineamientos que **Linkedin** ha determinado para los grupos de empresa. En general, aunque los grupos ofrezcan más versatilidad y en algunos casos funcionalidad o mejor comunicación de oportunidades o espacios de interacción con miembros, siempre deben ser parte de la estrategia y no la estrategia entera. Aún con estas recomendaciones, el valor en el uso de Grupos de Marca/Empresa es innegable de vez en cuando en los esfuerzos de mercadeo. Para ayudarle a tomar buenas decisiones para su proyecto o campaña, este capítulo explicara porque surgieron los grupos en **Linkedin** y, examina como y cuando tomar ventaja de estos.

PÁGINA DE LINKEDIN

Se configura una vez.

Tiene hipervínculos a perfiles de **Linkedin**, empleados o ejecutivos.

Indexa *Tweets* y *Posts* en Blogs.

Muestra «*Analytics*» sobre quien está siguiendo su empresa.

No hay disponibilidad para abrir Foros o generar Discusiones.

Se pueden Postear Ofertas de Trabajo.

Los *Feeds* solo se ven en el perfil profesional.
Construye una base de clientes, crea un canal de comunicación, atrae nuevos talentos, establece credibilidad.

ALCANCE LIMITADO – a los Seguidores de la Empresa que están interesados en su empresa o producto / servicio.

Promociones, retroalimentación / sugerencias relacionadas a la solicitud de productos / servicios vitrina para nuevos productos, etc.

GRUPO DE LINKEDIN

Debe configurarse inicialmente y estar monitoreándose o haciendo mantenimiento.

No hay disponibilidad para hipervínculos.

No enlista *Tweets* o *Posts* en Blogs.

No hay información de análisis disponible.

Espacio para Foros y Discusiones

Se pueden postear ofertas de trabajo.

Pueden activarse News *Feeds*.

Crear conciencia, conectar con los líderes de pensamiento, compartir información valiosa, establece autoridad.

ALCANCE AMPLIO – a todos los Miembros del Grupo interesados en uno o más tópicos de discusión.

Nuevos datos de investigación, infografías interesantes, enlaces gratuitos a libros electrónicos, etc.

GRUPOS VERSUS PÁGINAS

En las redes sociales, tanto Facebook como **Linkedin** y muchas otras que sería innecesario nombrar, los grupos han sido parte fundamental de la comunicación persona a persona y en muchos casos empresa a empresa. Los Grupos de **Linkedin** fueron de los primeros en aparecer de forma organizada (junto, claro con los de Facebook que son grupos muy potentes) para que la gente de mercadeo enviara el mensaje a su público. Estos, aunque se han ido sofisticando paulatinamente no han dejado de ser sencillo y desde siempre han sido relativamente fáciles de configurar, pero, siempre han sido fáciles de personalizar. **Linkedin** ha recorrido un largo camino desde 2003, pero muchas diferencias entre Páginas y grupos todavía están (4,1).

Las Páginas son uno de los método preferidos en **Linkedin** que las empresas tienen para Interactuar con sus Compradores y Consumidores. De hecho, **Linkedin** siempre ha sido tan claro con la intención que quiere lograr con los grupos, que, cuando el sitio introdujo por primera vez las Páginas de Empresa, se crearon confusiones, al punto en que al día de hoy, todavía hay muchas empresas con Grupos Abiertos/Activos que no saben de las Páginas o piensan que no las necesitan. La tarea de diferenciar, migrar y usar de forma combinada los grupos en la estrategia de mercadeo es un trabajo que requiere ser pensado y operado en el largo plazo y dejando al lado premuras y afanes. Aunque no se pueden convertir automáticamente los grupos en Páginas de Empresa muchas personas y empresas siguen preguntando cuando va a poder hacerse. Yo pienso que eso no va a suceder pues las características en algunos contextos son muy dispares. Con la migración de Marcas/Empresas Poderosas (Ex.: Apple) se reafirmaron las diferencias de implementación y similitudes de uso en la comunicación genérica y la comunicación de mercadeo. Las Páginas de Empresa son mucho más idóneas para ciertas cosas pero no se puede ignorar nunca el poder intrínseco de los grupos en dinamizar la innovación y enriquecer conversaciones que incentivan el cambio organizacional y ayuda a las personas de una misma compañía o con intereses similares, a estar en contacto a otro nivel, un nivel muy productivo. No puede hablarse de preferencia de uno o de otro sino de mezclar. Mezclar es la clave y los grupos son un ingrediente increíble. // Las Páginas de Empresa fundamentalmente están destinadas a ayudar a crear relaciones con los clientes o evangelistas de marca y son muy buenos para MENSAJES EN EL LARGO PLAZO. Los GRUPOS, por otra parte, se centran en DEBATES Y TEMÁS COYUNTURALES (CORTO PLAZO). No se trata de decir que uno es bueno y el otro es malo o decir que uno es mejor que el otro (aunque hay detractores de cada uno) pero yo, por ejemplo, diría que las Páginas de Empresa suelen ser «ESTATICAS» (pues son alimentadas unilateralmente), mientras que los GRUPOS son «DINAMICOS» (pues son alimentados multilateralmente). No lo olviden, la creación de un grupo es preferible en muchas situaciones respecto al uso de una página. Los grupos trabajan bien cuando se quiere tomar una acción rápida en torno a un tema sensible, y, a menudo se utilizan para movilizar a la gente alrededor de «causas» o acontecimientos de actualidad. Los grupos también son eficaces como «vástagos» o subsecciones de una Página aunque muchos expertos o especialistas no mencionan o no recomiendan esto como práctica.

Los grupos están destinados a facilitarle a las organizaciones, discusiones en torno a temas en particular, y todavía proporcionan un espacio más abierto a cierto tipo de conversaciones. Al unirse a un grupo la gente siente que pertenece a un lugar en la cultura popular de la marca o la innovación de la empresa en torno a productos / servicios, esto, va más allá de simplemente hacerse seguidor de una marca o de una empresa (4,2). Los grupos son también a menudo mucho más específico que las Páginas de Empresa, lo que les da una base de miembros ciertamente más activos y comprometidos. de esta manera, LAS Páginas de Empresa CARECEN DEL ASPECTO PERSONAL mientras que LOS GRUPOS SOBRESALEN POR SU LADO PERSONAL

Más mensajes que facilitan relación comercial P2P (*Peer to Peer*) y de mercadeo B2B (*Business to Business*)

Los grupos pueden tener un número ilimitado de miembros, pero si se quiere enviar mensajes no es posible hacerlo en bloque sino individualmente. Los mensajes que se envían a miembros de un grupo que además son contactos suyos en **Linkedin**, son muy poderos son muy poderosos, porque el factor de confianza es tan fuerte y trasparente que si se usa adecuadamente *jamás tendrá que volver a hacer llamadas de mercadeo «en frio»* que es una de las grandes frustraciones del proceso de ventas, que genera más embotellamiento de metas y que consume tantos recursos valiosos; como además llegan notificaciones y mensajes enteros a la cuenta de email que se tiene registrada en **Linkedin**, el impacto de comunicación se multiplica y, siempre sabiendo que NO SE TRATA DE SPAM sino de OPORTUNIDADES o ACCIONES que llevan a oportunidades. Esto último es uno de los grandes diferenciales con las Páginas de Empresa cuyas funcionalidades de envío de mensajes a los seguidores son más restringidas y serias. Los Grupos tienen de alguna manera un factor de «entretenimiento» en un contexto empresarial, de trabajo, de negocios.

Mejor Gestión de Eventos

Debido a que los grupos se mantienen por «personas» reales, son más adecuados para la gestión de eventos y tienen más funcionalidades en «Modo de Evento» (Ex.: Promociones, Trabajos). Los contenidos de grupo también se incluye el suministro de noticias y por supuesto, llegan al *Inbox* de su correo electrónico en forma de notificaciones que se pueden detener en cualquier comento, antes las Páginas y los grupos generaban confusión porque mucha gente creaba Páginas para eventos cuando lo más práctico y efectivo era quizás crear un grupo. Este (organizar-notificar-promocionar eventos u oportunidades derivadas de estos), es un factor importante en la retención de miembros y acoplamiento de equipos de tarea para la acción y la creación. Los grupos no están, sin embargo, optimizados para *customizar* contenido, agregar aplicaciones o seleccionar una dirección específica o «*Vanity* URL». Lo anterior hace que la indexación, *ranqueo*, búsqueda y localización de grupos de **Linkedin** en Motores de Búsqueda externos no funcione tan bien como ocurre con las Páginas o los perfiles; eso si, funciona extraordinariamente bien con la Búsqueda Avanzada de **Linkedin**. La mala noticia general de esta parte para los entusiastas de los grupos en las redes sociales para mercadeo, es que las Páginas siempre serán «consentidas», tendrán prioridad y obtendrán más atención en el desarrollo dentro de **Linkedin** que los mismos grupos. Los *Ads*, y algunos casos de palabras claves o medios enriquecidos, así como contenido patrocinado, son alternativas que reciben más dedicación por parte de **Linkedin** en Páginas que en grupos. La optimización de grupos es como una panacea aun utópica para administradores y usuarios de estos.

LOS GRUPOS DE LINKEDIN PUEDEN SER MUY ÚTILES

Grupos tienen valor y valor para el mercadeo, sin duda. Son usualmente rápidos de crear y relativamente fáciles de configurar, se puede decir que son perfectos «cuando estás en un apuro» de comunicación, pero no siempre son tan buenos debido a todo el «*spam*» que producen, que «ensucia» las búsquedas y que debe ser desechado por inútil. La facilidad de uso de los grupos los hace atractivos, pero, al tiempo, es lo que los hace parecer poco confiables en determinadas situaciones y contextos. Yo, por ejemplo ni como profesional ni como empresa uso mucho los Grupos de **Linkedin** a pesar de su obvio potencial positivo (o evidente peligro latente de distraer).

Mientras que una página de empresa en **Linkedin** puede parecer desalentadora para la gestión de mercadeo, un grupo puede considerarse una manera fácil y rápida de hacer una transición operacional al mercadeo en **Linkedin**. A diferencia de las Páginas, los grupos permiten que sus administradores interactúen masivamente con los miembros de un grupo; aunque no es posible enviar mensajes al tiempo a todos si se puede compartir el grupo masivamente en **Linkedin** para crecer la membresía. De nuevo, los grupos son rápidos y fácil, pero también pueden llegar a ser molestos, por eso, hay que recordarle a la gente que puede retirar en cualquier momento que el grupo deje de ser relevante para ellos y también, en algunos casos, se debe ser cuidadoso al aceptar personas que pudieran causar conflicto. Cuando algo grande pega rápido en una audiencia, los grupos pueden ser estupendos, pero jamás se deben usar para una estrategia global de mercadeo a largo plazo. Entonces, ¿cuándo está bien usar un grupo? El mismo **Linkedin** ha insinuado repetidas veces que Grupos y Páginas de Empresa sirven para diferentes propósitos, y, es lo más lógico. En **Linkedin**, los grupos tienen el propósito de fomentar discusiones colectivas que por lo general favorecen <u>iniciativas de innovación</u> en torno a un área temática en particular, mientras que las Páginas de Empresa, permiten que entidades como figuras públicas o compañías «*Fortune 500*» o enlistadas en Bolsas de Valores puedan trasmitir información a sus seguidores. Se puede decir que los GRUPOS son comunicación en DOBLE VIA, mientras que las Páginas de Empresa son comunicación en UNA SOLA VIA (que obviamente viene de la empresa o de alguien de la empresa). Hacia sus seguidores. Sólo representantes autorizados de la entidad deben ejecutar una página (4,3).

Linkedin también, regularmente propone/ofrecer funcionalidades adicional interesantes y útiles para grupos, haciendo que parezcan más como Páginas de Empresa visualmente hablando y, así, mostrar también contenido generado por grupos (y autorizado) para que aparezca en el «suministro» (*feed*) de noticias de **Linkedin** en el panel principal de la plataforma (no confundirse con el perfil). Si bien esto puede sonar como una «buena noticia», un grupo de gran tamaño puede convertirse rápidamente en algo difícil de manejar, y a muchos administradores-moderadores les resulta más fácil mandar mensajes a ciertos miembros que convertirlos en seguidores de la Página de empresa de la compañía en su lugar.

CUANDO REALMENTE SE QUIERE/NECESITA UN GRUPO

Los grupos son usualmente más rápidos y fáciles de «instalar» que las Páginas de Empresa, también ofrecen un entorno que permite mejor personalización y en algunos casos, un ambiente controlado para conversaciones comerciales, laborales o de innovación. Como una herramienta de marketing, un grupo es una mejor opción cuando:

EL TIEMPO ES UN FACTOR

Los grupos son útiles para las iniciativas sensibles al tiempo que necesitan llegar a una masa crítica de forma rápida. En un grupo que se ha hecho global, cualquier miembro del grupo puede ver quiénes son los otros miembros del grupo, aunque sean 1.000.000 y buscar a alguien especifico, ver quiénes son «*Top Contributors*». Poder estar conectados por intermedio de un grupo de forma abierta con tantas personas, favorece la *viralidad* en las acciones de mercadeo que tanto se valora en la era de internet.

ES NECESARIO EL CONTROL

Los grupos también ofrecen un mayor control sobre quién está autorizado dentro o fuera (4,4), mientras que las Páginas están abiertas a todo el mundo una vez que se hacen públicas. Los grupos pueden ser abiertos sólo a una red académica o laboral en particular, o para todos en **Linkedin**. También pueden requerir un permiso para unirse a un grupo (ser aprobado por un administrador), pero se puede ver algunos contenidos del Grupo antes de solicitar ingreso. Los Grupos pueden hacerse completamente secretos e invitar solo determinadas personas, y, solo estas pueden ver los contenidos o, discusiones una vez que aceptan ingresar. Los grupos pueden considerarse o manejarse útilmente / convenientemente como subsecciones separadas de la Página de empresa en **Linkedin**. Tal vez por sus más importantes o entusiastas partidarios de las marcas de los productos de su empresa.

ES PERSONAL EN LO PROFESIONAL («PROFERSONAL»)

A su alrededor, lo grupos de **Linkedin**, proporcionan una sensación de mayor interacción profesional. Los grupos están vinculados directamente a la persona o personas que lo(s) administra(n), y, el nombre que parece el perfil, también aparecerá en el grupo. Algunos encuentran en esta conexión «PROFERSONAL» un cambio positivo en el mundo digital, especialmente cuando hay temas más sensibles de por medio o problemas laborales o comerciales, como preguntas sobre lo financiero o hitos negativos que cambian la historia de una empresa, un producto o una marca.

RECUERDE: Hay que ser cuidadoso con el uso abusivo del acceso que da un grupo, ya que podría ser identificado como intrusión o usted o su empresa podrían ser vistos como entes/entidades molestas, y, eso es en algunos casos irreversible o difícil de reparar.

CREAR UN GRUPO EN LINKEDIN

Cuando usted necesita promover algo rápidamente o alimentarlo dinámicamente o, está viendo la opción de fomentar campañas de responsabilidad social para su empresa, un grupo de **Linkedin** puede ser otro camino a seguir.

Para crear un grupo, hay que dirigirse a la barra principal superior de **LINKEDIN** y hacer *click* en «**Interests**», luego *click* en «**Groups**» (esto, debido a cambios en **Linkedin** puede ser diferente de un año para otro, se actualizaría en este libro en cada revisión, cuando aplique). Una vez en la «suite» de GRUPOS / «YourGroups» (aproveche para «darse una vuelta», «Take a Tour»), seguido, vaya a la aplicación correspondiente y haga *click* en «Create a Group» (antes de crear un grupo haga una búsqueda con «Find a Group» para evitar grupos duplicados o tan similares en los tópicos que confundan a la gente).

«Keep It Global»

En este caso, igual que en Facebook, para obtener el máximo alcance y el valor de su Grupo, es necesario asegurarse de que cualquier persona que quiera, pueda unirse sin tener que ser aprobado por un administrador (la excepción a la regla estaría determinada por políticas corporativas de comunicación). También queremos que sean capaces de invitar otros contactos (aliados, socios, inversores, grupos de interés, proveedores, compradores, consumidores, clientes, etc) ya que si el grupo gana relevancia y popularidad en un tema de negocios especifico, esto reduce el trabajo por usted y le permite centrarse en la creación de contenido que la gente quiera compartir. Siempre que sea posible, haga sus grupos visibles para todos en **Linkedin** y defina su acceso como abierto. A los miembros también se les debería permitir publicar y compartir enlaces para que haya un crecimiento orgánico y relevancia orgánica. Ahora, si usted esta utilizando un grupo precisamente por sus controles de privacidad, es posible que desee mantener el grupo cerrado, de modo que pueda aprobar miembros a discreción.

Llene todos los campos

Al igual que con las Páginas, se debe incluir la mayor cantidad de información posible al configurar su Grupo. Este rigor es lo que realmente podría diferenciar y separar su grupo profesional de grupos que hacen perder el tiempo a la gente con contenido irrelevante o basura. Ahora, si bien se debe ser generoso y preciso con los textos que incluyan palabras claves, se deben evitar textos innecesaria o inútilmente largos. Apéguese a los principios básicos de escritura-lectura y <u>nunca deje campos en blanco</u>, mucho menos el espacio destinado para las imágenes.

Haga un uso correcto de la gramática, la puntuación y la ortografía

La configuración de un grupo puede ser más rápida que la creación de una página de empresa en **Linkedin**, pero se requiere la misma cantidad de atención. Entre las grandes equivocaciones que pueden darse en un Grupo Profesional, es llenarlos apresuradamente dejando fallas ortográficas y errores gramaticales; los prospectos de venta de un servicio, los candidatos a ser seleccionados para una empresa, entre otros, deben llevarse una buena primera impresión y aunque mucho no lo crean mala gramática o mala ortografía dejan una pésima impresión. Con una primera mala impresión, se asumirá que el contenido futuro tampoco proporcionara un gran valor. No debería generalizarse con esto, pero es mejor tenerlo en cuenta que violarlo.

Incluya palabras clave para facilitar las búsquedas

Es una pena para los entusiastas de los grupos, pero estos, no proporcionan la misma fuerza para ser rastreados algorítmicamente por los buscadores como las página de empresa en **Linkedin**, pero son indexados por los motores de búsqueda externos de la misma manera en que se indexan en el motor de búsqueda interno de **Linkedin**. Como siempre, asegúrese de llenar su descripción de grupo, asegúrese de incluir palabras clave y asegúrese de usar imágenes (o textos enriquecidos), pues, esto aumenta la posibilidad de que un miembro potencial encuentre su grupo durante la investigación de temas similares, organizaciones o eventos. Dele la misma relevancia a la creación del nombre del grupo; piense en una combinación de palabras para el nombre del grupo que los prospectos puedan deducir fácilmente con el nombre cual es el propósito y el contenido del grupo.

ADMINISTRACIÓN DE GRUPOS DE LINKEDIN

Una vez que su Grupo está configurado correctamente, usted necesita comenzar a añadir los miembros y publicar contenido. Tenga siempre en cuenta que el objetivo de un grupo es iniciar conversaciones. Muchas de sus obligaciones como administrador se centrarán en el seguimiento de debates y el fomento de los comentarios cuando sea necesario (4,7).

Utilizar con Perfil o Página

Cuando **Linkedin** introdujo las Páginas de Empresa tal vez no previa entonces como integrar en términos de mercadeo las acciones en los grupos y en las Páginas de forma coordinada. Como resultado, muchas marcas tienen una sola presencia en **Linkedin**, la mayoría, en forma de Página de empresa. Para poner en marcha un grupo, sin embargo, se necesita siempre un Perfil-Patrón, es decir, el perfil de una sola persona que administrará el Grupo. El perfil-patrón da un punto de partida para invitar a la gente y proporcionar la conexión humana.

No Hacer nuevos Contactos solo porque si

Puesto que un grupo no puede crearse o postear contenido por sí mismo, siempre se va a utilizar su perfil para invitar al menos las primeras tandas de miembros. Luego, puede volverse tentador empezar a enviar solicitudes al azar gente que usted no conoce o a quien no le interesa ni el propósito, ni el tema ni los contenidos ni las discusiones en su grupo. Invitar «desconocidos» puede ir en contra de los Términos de Uso y Servicio de **Linkedin** o las políticas generales de los grupos en **Linkedin**, lo cual, puede hacer que lo veten a usted, su empresa o su grupo más rápido de lo que cree; por eso, mejor incentive gente conocida a que inviten conocidos de ellos. Si desea agregar gente nueva, asegúrese de incluir un mensaje directo MUY PROFESIONAL explicando cómo los ha encontrado y por qué quiere tenerlos cerca o dentro del grupo.

Listas de miembros

Si usted utiliza su perfil para invitar a los primeros miembros del grupo, este ejercicio será útil para segmentar a sus contactos en listas pertinentes para fines de marketing futuras. Puede «MARCAR» a las personas que ya han sido invitadas (para evitar enviar dos veces lo miso) o enviar algo solo en base a sus intereses. Si usted tiene un negocio de consultoría o hace acompañamiento, puede hacer una externa, o una lista interna de **Linkedin** de personas que hayan asistido a conferencias o talleres suyos usando la función «★*Relationship*» del Perfil de cada persona, así, puede, por ejemplo, dejar una «Nota», un «Recordatorio», Identificar «Como se conocieron» o una «Etiqueta» para poder rastrear comunicaciones anteriores y enviar mensajes sobre eventos próximos, descuentos, promociones, programas especiales, *freebies*, etc.

Incorporar Eventos

Los eventos o específicamente invitaciones a eventos a través de los grupos en **Linkedin**, tienen un mayor alcance en determinados casos que otros elementos de esta red social, ya que se han incorporado en otras funcionalidades (4,8). Use los grupos como canales a través de las funciones «Promociones» incluyendo descripciones cortas del Evento a invitar y mantenga la comunicación sobre este, lo más frecuente, consistente y abierto posible. Anime y permita que otras personas repliquen esta información de eventos presenciales o virtuales compartiendo enlaces o imágenes y videos Permitir que los invitados a invitar a otras personas y publicar sus propios vídeos, enlaces y fotos.

Participar ACTIVAMENTE y Publicar CONTENIDO NUEVO

A diferencia de las Páginas de Empresa, los grupos pueden tener otras configuraciones de privacidad diferentes. Para lograr una sana participación y suficiente eficacia, probablemente querrá usted o su empresa, mantener abiertas las restricciones para el «Muro» del grupo en **Linkedin**, de tal manera que se pueda fomentar el flujo de contenido (después se preocupa por curarlo o establecer políticas); las fotos y/o videos son muy poderosos para enganchar y los grupos, como canales son una fórmula perfecta para ese «enganche» (*engagement*) que además fomenta las discusiones temáticas y las conversaciones entre marca-consumidores... el intercambio en este contexto es enriquecedor en todo sentido. Los grupos se centran en las conversaciones y se necesita para mantener las discusiones. Al permitir o estimular solo los *posts* tradicionales, obtendrá casi exclusivamente que la gente o usted hagan preguntas o pongan enlaces, lo que sub-utilizaría el grupo convirtiéndolo en un foro de preguntas y respuestas y eso limitaría el potencial de los grupos en **Linkedin** para acciones de mercadeo. Para crear un grupo que retenga inteligentemente la membresía (particularmente, engancharlos con su marca o sus productos), el CONTENIDO debe mantenerse FRESCO. En algunos casos y de algunas formas muy puntuales, las Páginas de Empresa pueden automatizarse en Contenido, para que los grupos sean competitivos, el contenido, debe humanizarse haciéndolo y publicándolo interesante, con una perspectiva valiosa o información relevante para los miembros.

Postear enlaces, presentaciones, infografías, ...

Además de proporcionar contenido fresco y hacer publicaciones frecuentes para mantiene a los miembros comprometidos, esto, adicionalmente permite una mayor interacción (4,9). Publique enlaces a sitios externos o en otras partes de **Linkedin** y haga preguntas sobre el contenido encontrado (como por ejemplo, en un club de lectura en temas de negocios enfocados en algo específico). También se pueden publicar fotos o videos o presentaciones e infografías sobre temas relacionados o datos actuales del grupo en la vida real. Aunque irónicamente los Grupos de **Linkedin** han llegado a tener más funcionalidades que las Páginas de Empresa, igual, son funcionalidades aun limitadas, así que hay que hacer lo mejor con lo que se tiene. Los grupos podrían incluso guardar más similitudes con los perfiles que con las Páginas, por lo que publicar enlaces, presentaciones o infografías es la mejor manera de traer contenido externo o tener una vitrina de imagen o personalidad de marca. Todo esto significa que usted o su empresa pueden confiar y a veces depender del contenido para personalizar (customizar) un grupo enfocado en las ventas y el mercadeo y, así, ser un «avanzado» al curar contenido de todo el desorden-caos que se encuentra en internet.

- MANTENGA LAS DISCUSIONES ANDANDO Y EL CONTENIDO PUBLICANDOSE –

SEGUIMIENTO Y GESTIÓN DE UN GRUPO EN LINKEDIN

Un administrador del grupo controla el número de miembros y el contenido del mismo. Como administrador, usted puede enviar mensajes al grupo, designar a otros administradores / oficiales o editar la información y la configuración. También puede remover miembros actuales y eliminar publicaciones o contenido inapropiados.

Es posible que tenga menos oportunidades de personalizar un grupo, y la falta de aplicaciones para interactuar con la gente y el contenido (vitrina de significa que usted tiene que controlar y moderar el grupo con más cuidado si este es una pieza clave de su estrategia de mercadeo. Lógicamente, la única interacción que la gente puede tener con un grupo es publicar contenido, por lo que hay una mayor probabilidad de que su equipo deba responder a muchas preguntas o eliminar lo que sea *spam*.

Remover Contenido

Aunque **Linkedin** es probablemente la red social más limpia, segura y confiable, no está nunca de más, desarrollar una estrategia de respuesta o eliminación al igual que en una página de empresa cuando se requiere. Esté listo para revisar / eliminar los mensajes que ataquen irresponsablemente su marca-empresa o advertir / bloquear personas que atenten contra la dinámica sana del grupo como intimidaciones entre miembros (que no faltan); el contenido puede ser no deseado, inapropiado o sencillamente descontextualizado, eso también debe tenerse en cuenta al momento de removerlo.

Incentivar las Publicaciones

La gestión de un grupo no es sólo acerca de la eliminación de mensajes inapropiados. Usted necesita mantener el contenido fluyendo y participar en la conversación. Esperamos que su grupo va a estar lleno de contenido útil de/para los miembros; pero si no, parte de su trabajo será «empujarlos» a hacer publicaciones, con regularidad, consistencia, calidad y relevancia, |esto, haciendo preguntas, poniendo presentaciones y pegando enlaces a artículos interesantes u otros sitios.

...USO DE GRUPOS PARA COMPLETAR SU PÁGINA DE EMPRESA!

Como leí para Facebook... si le gustan todas esas campanas y timbres de una Página de Empresa en **Linkedin** pero aprecia el aspecto de discusiones y conversaciones que aporta un grupo, pues trate de hacer ambas cosas. Obtendrá la optimización para buscadores (SEO) y los beneficios de «*buzz*» de marca (que las hace «*cool*» en el ámbito B2B (Business to Business), así mismo, ganará capacidad para diseñar y desarrollar opciones complementarias de comunicación o enganche, pero también será capaz de crear una presencia en la comunidad dentro de su grupo (4,11).

Si bien las Páginas de Empresa en **Linkedin** permiten orientar los mensajes a zonas geográficas específicas, un grupo permite apuntarle a la gente con base en sus intereses.

Una agencia, o negocio pequeño, por ejemplo, podría tener una página de su marca en general y grupos (o subgrupos) para portafolios, temas relativos a sus productos o, incluso, para distintas oficinas. La gente puede pertenecer a uno o a todos, lo que les permite ver noticias y promociones en general, así como las actualizaciones y las conversaciones acerca de sus marcas por categorías o eventos locales. También puede tener un grupo secreto donde usted invita sólo a clientes, proveedores o socios específicos para aspectos relacionados con ventas, procesos, servicio, seguimiento y atención al cliente. Los grupos privados en **Linkedin** son muy útiles para canalizar «acuerdos» especiales para clientes o muestras previas de diseños o desarrollos o tocar temas más puntuales que los que se tocan en grupos abiertos. Así, en otra instancia, si un número de personas que sean masa critica para su empresa están en un tema coyuntural que está ganando fuerza, se puede crear un grupo específico para esa masa critica.

Se pueden sacar muchas ideas y encontrar muchas formas de usar grupos como compañeros de una Página de empresa en **Linkedin**, tome nota de quienes son sus miembros y este abierto a experimentar «socialmente» con estos.

CAPITULO 04A

LOS EVENTOS
EN REDES SOCIALES
Y EN LINKEDIN

LOS EVENTOS EN RRSS* Y EN LINKEDIN

Los eventos son una aplicación, sección o función bastante extendida y popular en varias redes sociales que se ven en distintas formas. Con los eventos como canal, usted usualmente puede invitar contactos o hacerlos públicos para que otros usuarios participen de estos. Los eventos son perfectos para competencias en torno al lanzamiento o renovación de un producto/servicio, reuniones especiales presenciales, seminarios virtuales (*webinars*) o cualquier acontecimiento puntual. En resumen, los Eventos son una parte integral del escenario global de las redes sociales. Los perfiles tienen enlaces a los eventos para ser vistos fácilmente y mostrar interés en asistir. Además, los eventos son fáciles de instalar y a veces perfectos para dar respuestas rápidas a problemas sensibles en el tiempo. Los eventos además, como el caso de los *webinars*, son incluso obvios para ser incluidos en una estrategia de mercadeo en redes sociales. Desafortunadamente...

...LINKEDIN DESABILITÓ en 2012 SU FUNCION DE EVENTOS LANZADA en 2008!

Probablemente la decisión de **Linkedin** de deshabilitar la herramienta de Eventos, probablemente se debió al hecho de que al crear eventos tan fácilmente, los usuarios en masa, iban dejando una estela de «basura» digital acumulándose y, ese desorden era difícil de eliminar eficiente y eficazmente. La función de eventos fue perdiendo fuerza de 2009 a 2012 hasta que simplemente fue «apagada» al dejar de destacarse como función útil ya que era fácilmente reemplazada a través de otras funciones como enlaces externos a dichos eventos, publicados en perfiles, grupos o Páginas de Empresa en **Linkledin**. Lo curioso es que mientras por un lado hubo «protestas» silenciosas por la decisión de **Linkedin** de quitar la funcionalidad de EVENTOS, literalmente hubo personas que ni siquiera se enteraron que **Linkedin** tuvo dicha funcionalidad de EVENTOS.

EN QUE CONSISTÍA LA HERRAMIENTA DE EVENTOS EN LINKEDIN

La Herramienta de Eventos de **Linkedin** fue una aplicación reacondicionada que tomo elementos de otras aplicaciones internas para que millones de usuarios que habían estado usando distintas opciones de **Linkedin**, tuvieran la posibilidad de buscar, identificar, ver, inscribirse y participar de eventos locales o relacionados con la industria. Las nuevas características de *Linkedin Events* llegaran en un momento justo para organizadores de eventos, convirtiéndose en una herramienta que traía muchos beneficios para comerciantes y profesionales. Fue posible ver mucha creatividad en la orientación de esfuerzos de promoción para os públicos objetivos, y la herramienta de Eventos de **Linkedin** ayudó precisamente a eso!. Dentro de las funciones de la herramienta de Eventos de **Linkedin** estaba la posibilidad de las personas de encontrar hechos relevantes; **Linkedin** mostraba automáticamente un puñado de eventos relacionados con las conexiones que la gente tenía en su propia red, la industria y la ubicación geográfica, pero la herramienta de búsqueda podía descubrir muchos más eventos que fueran de interés. Con la herramienta de búsqueda se podían ver sectores específicos y ubicaciones geográficas que incluyeron "hechos pasados" en los resultados de búsqueda. Al crear un evento en **Linkedin**, no se limitaba a los eventos y conferencias tradicionales, se creaban mesas redondas, desayunos de trabajo, talleres y seminarios en línea, incluso los virtuales eran adecuados para la utilización de la herramienta de *Eventos Linkedin*. De hecho, el anfitrión de un evento mensual regular tenía una gran manera de construir constantemente visibilidad y valor con su público objetivo!

EL FIN DE LA HERRAMIENTA DE EVENTOS EN LINKEDIN

Enterrado profundamente en la antigua barra de navegación bajo el elemento «MORE», vivió por 4 años la página de Eventos de **Linkedin**. Usted podía navegar en los acontecimientos y encontrar eventos interesantes que sus contactos organizan o a los cuales asisten o asistieron. También podía publicar eventos y hacer promoción a través de la red y la página de Eventos **Linkedin**. Funcionó muy bien y mucha gente lo utilizó. Desafortunadamente, **Linkedin** no hablaba mucho de esto y lo «escondió» en su barra de navegación, así que había un montón de gente que ni siquiera sabía que existía.

Claramente **Linkedin** se da cuenta permanentemente que tiene que innovarse y evolucionar, recientemente y permanentemente se ven un montón de cambios a **Linkedin**. Es importante que ellos usen sus recursos en los productos o servicios que demuestran ROI (Retorno de Inversión) y, los Eventos de **Linkedin**, simplemente no se mueven cerca de sus metas establecidas. Yo usé la Herramienta de Eventos de **Linkedin** para promocionar presentaciones y muchas veces fue exitoso gracias a estos. Hay muchos otros sitios por ahí que ofrecen un servicio similar y por lo tanto la pérdida de Eventos de **Linkedin** no será demasiado doloroso pero siempre nos dejara pensando si debimos usarlo más o mejor para que se convirtiera en algo más robusto y popular. Quizás **Linkedin** nos muestre una alternativa propia mucho más poderosa en el futuro.

¿CUÁNDO «MOVER» UN EVENTO A TRAVÉS DE LINKEDIN?

La mejor manera de «mover» un EVENTO es como lo haría con una invitación impresa cuando se tiene un evento real que promover. El uso de **Linkedin** para enviar información de eventos es mucho más rápido (y barato) que la impresión y el envío de las invitaciones a todos sus contactos. Los eventos promovidos vía **Linkedin,** también pueden hacer un gran acompañamiento a un anuncio a través de correo electrónico o una invitación real. Es posible que desee usar anuncios específicos dirigidos a gente «selecta», o una invitación a la apertura de una nueva sucursal u oficina a través de correo postal tradicional y luego pasar a algo más general como sus contactos en línea. Sus diferentes listas de contactos probablemente se solapen, pero es prudente enviar a la gente mensajes en diferentes maneras con diferentes canales para asegurar una amplia participación.

Puede enviarse un mensaje a una lista especializada o publicar masivamente en actualizaciones de estado anunciando promociones relativas a un evento o un seguimiento con una re-invitación vía **Linkedin** diciendo que determinado evento «está cerca» o «se está acercando». Está bien crear un evento en **Linkedin** para todos los eventos que van a ocurrir realmente a nivel presencial o virtual, esto definitivamente ayuda con la acogida. Si usted tiene un montón de grupos de personas diferentes para su evento apalancase de todas las funciones que tiene **Linkedin** que podrían ser compatibles con la difusión. Recuerde que no por el hecho de que usted conozca mucha gente o tenga muchos contactos en **Linkedin** y va a crear y difundir un evento, tiene que invitar a todos; esa, es una forma segura de perder seguidores de su Página de empresa o contactos en su perfil profesional.

ALTERNATIVAS A LOS EVENTOS DE LINKEDIN

Aquellos de ustedes que ni siquiera eran conscientes de la característica de *Linkedin Events*, seguirán viviendo sus vidas sin haber sido afectados; pero, ¿qué pasa con «la otra mitad»? ¿Qué vamos a hacer? ¿Cómo vamos a encontrar eventos para asistir o promover eventos que estamos organizando?. *Eventbrite* es una alternativa de comunidad enfocada en Eventos que de alguna forma en diversos contextos y momentos, trabajó con y para **Linkedin**. Aunque se pueden promover Eventos a través de *Eventbrite*, gran parte de la promoción de los eventos de *Eventbrite* se lleva a cabo en otras redes sociales (incluyendo **Linkedin**) en lugar de dentro de su red de usuarios. Aunque *Eventbrite* también puede ser utilizado para eventos gratuitos, este, se especializa en la venta de entradas, lo cual ya no es un terreno ni propio ni compatible con **Linkedin** (al menos por ahora). La otra cosa a considerar es si su evento se repite, *Eventbrite* encaja bien con eventos que ocurren una vez o que tienen un conjunto de personas o listas de invitados.

CREAR + OPTIMIZAR UN EVENTO EN PLATAFORMAS EXTERNAS PERO COMPARTIDO EN LINKEDIN

- ✓ Asegúrese de ponerle un Logo o Imagen distintiva al Evento
- ✓ Vuélvase creativo con el Título del Evento
- ✓ Incluya una descripción corta + poderosa con un fuerte + concreto llamado a la acción.
- ✓ Considere usar un formulario de registro para capturar información de asistentes.
- ✓ No olvide los detalles.

COMPARTIR EN EL MURO O FEED DE LINKEDIN IDEAS, PREGUNTAS, ARTÍCULOS Y VÍNCULOS WEB COMO «ACTUALIZACIONES», ¿PODRÍAN «SUSTITUIR» REALMENTE LA HERRAMIENTA DE EVENTOS EN LINKEDIN?

Al parecer, aunque no es fácil encontrar registros o documentación, **Linkedin** hizo un análisis profundo para justificar la decisión de remover sus herramientas de Eventos. Yo pienso que no es lo mismo con alternativas, tal vez, porque veo a Facebook como referencia y los Eventos en esa Plataforma funcionan y me pregunto ¿Por qué no funciono en **Linkedin**?. Pienso que se le pudo dar más tiempo o promocionarlo más y mejor, pero, ya está hecho.

Linkedin, tal vez cuidando su base de usuarios, nos da unas alternativas que podrían ser bastante válidas para «sustituir» la Herramienta de Eventos de **Linkedin**: Pegar en el «Share

Box» cualquier variedad de información relativa a eventos que venga de...

- Su Página Web o la Página Web de su Empresa o *«Showcase Page»*.
- Discusiones en sus Grupos o «Subgrupos».
- Sitios de aliados o fuentes externas como *«The Wall Street Journal»*
- *Linkedin Pulse.*
- Cualquier Página web que use **Linkedin** *«Sharing Bookmarklets»*.
- *Recompartir* la actualización de un contacto o una conexión en segundo grado.
- *Influenciadores* o *LINKEDINfluencers.*

¿ENTONCES, COMO PROMOCIONO MIS EVENTOS EN LINKEDIN?

Sólo porque usted está utilizando una aplicación externa o de terceros para *Eventos*, no significa que usted no pueda aprovechar su red de **Linkedin** para compartir o promocionar los mismos.

Aquí hay algunas maneras para notificar la red de tu próximo evento:

1. Actualización de Estado o Compartir Enlaces relacionados de/en Linkedin

Enviar un enlace con el evento como una actualización de estado. Este saldrá a la red y permitirá que hagan *click* en el vínculo para obtener más información.

2. Promocione su evento semanalmente en Grupos, Subgrupos, *Company Pages* y *Showcase Pages*

Enviar un enlace dentro de los grupos en los que usted está involucrado en **Linkedin**. Inicie una discusión, envié el enlace al evento y dígale a la gente por qué la asistencia al evento es beneficiosa para ellos. No se limite a publicar ciegamente el enlace en todos sus Grupos. Elija los grupos en lo que usted está involucrado, y que los miembros se beneficien de esa información.

3. Mensajes de Linkedn + Envió Directo y Personalizado de Invitaciones

Haga una búsqueda en **Linkedin** para las personas que se beneficiarían de la asistencia al evento. Usted puede buscar a través de criterios como industria, puesto de trabajo o incluso ubicación. Filtre los resultados por conexiones de primero grado. Vaya a través de la lista resultante y envié un correo electrónico a las personas de forma individual sobre el evento. NO se comporte como SPAM!. Invítelos personalmente y dígales exactamente por qué está llegando a ellos y cómo el evento podría ayudarlos.

4. Adquiera Espacios Publicitarios o Pague por Anuncios en Linkedin

Hay formas no pagadas de promoción en **Linkedin**, pero **Linkedin** optimiza las formas que si son pagadas de promoción para asegurar que su evento alcance efectivamente el grupo objetivo.

ENCUENTRE *EVENTOS* O *ESPACIOS* RELACIONADOS Y RELEVANTES PARA SEGUIR Y ASISTIR

En cada evento usted tiene la oportunidad de conocer a algunos seguidores de su producto, marca o empresa. Después de que se acabó un evento, usted debe tener buen contenido e historias que compartir con ellos. Puede publicar este contenido a su perfil, Página de empresa o grupos para que los asistentes puedan ver memorias y las personas que no pudieron asistir esta vez puedan ver lo que se perdieron.

Contenido sencillo relacionado con un evento, puede mantener o re-avivar el comprometidos con su marca y empresa, también ayudará a comenzar de inmediato la construcción conexiones para el próximo evento.

Envié notas de agradecimiento. Dele las gracias por asistir a la gente individualmente por mensajes internos o masivamente a través de actualizaciones de estado (*Status Updates*) a través de los perfiles de la gente de su empresa, en su Página de empresa y en grupos relacionados o relevantes al evento. Es un buen «toque» y un acto de cortesía (*Netiquette*) que todavía se aplica en la era digital. Enlace fotos y videos para animar a la gente a asistir a siguientes versiones del evento, así como promover por este mismo método o canal, LIKES / COMMENTS / SHARES o incluso a poner etiquetas en los campos de comentario.

Use lo que tiene. Utilice para próximas versiones de eventos lo que se origine «socialmente» de los eventos que promovió y los resultados del evento que se compartieron en o a través de **Linkedin**. Mencionar en eventos futuros «aquella última vez«, para que los asistentes recuerden lo mucho que se aprendieron o y, para atraer recién llegados a entrar en acción con su marca o empresa.

Ya que es difícil ver la funcionalidad de Eventos desaparecer de **Linkedin**, es bueno saber que esta empresa en crecimiento e innovación, está haciendo esfuerzos para realmente centrarse en sus metas. Los Eventos en **Linkedin** fueron una gran aplicación útil de la que es difícil despedirse pero queda la tranquilidad de saber que hay alternativas *sincronizables* con **Linkedin** (ex.: *Eventbrite*) que funcionan igual de bien y, a veces, como es su trabajo central, funcionan incluso mejor!. Si usted tiene algún sitio adicional con buenas alternativas a **Linkedin Events**, úselo y compártalo o, incluso dele *feedback* a **Linkedin**, seguro les interesará saberlo.

CAPITULO 05

LINKEDIN
PARA NEGOCIOS

LINKEDIN PARA NEGOCIOS

(ENTRANDO A LINKEDIN)

El Mundo de los negocio ha cambiado. Internet ha transformado como las personas se comunican, consumen información y construyen relaciones. Como resultado de este fenómeno global, la forma en la que el mundo trabaja esta fundamentalmente cambiando:

- Los profesionales necesitan ser sensibles.

- La información crítica de negocios está fragmentada en diversos canales digitales.

- Hay un cambio rápido y permanente en como los profesionales consumen y comparten contenido.

Las redes sociales habilitan individuos para conectarse y compartir información reveladora más efectivamente. Estimados del *McKinsey Global Institute* sugieren que al implementar completamente tecnologías sociales, las compañías tienen una oportunidad para incrementar su productividad incluyendo claro, gerentes y profesionales en varios niveles. **Linkedin** avanzo mucho en menos de 10 años como resultado de la convergencia de dos factores claves en el marco de los negocios> 1.) Infraestructura tecnológica escalable que conecta millones y millones de personas y miles y miles de empresas en milisegundos. 2.) El incremento de la importancia de marcas online tanto para profesionales individuales como para negocios individuales.

¿Qué significa entonces **Linkedin** para su negocio? R/ ENTREGAR VALOR

- IDENTIFICAR las personas correctas
- ENGANCHARSE con ellos a través de contenido que sea atractivo
- INCENTIVAR a la acción

BUSCAR>

Engancharse a los mejores individuos

MERCADEAR>

Engancharse más efectivamente con profesionales

VENDER>

Engancharse con tomadores de decisiones en el mundo

LINKEDIN HA TRANSFORMADO
LA FORMA DE BUSCAR, MERCADEAR y VENDER

...tal vez no lo había considerado, pero en el contexto de **Linkedin** para los negocios, sus empleados también son Embajadores poderosos de Marca!

Fomentar un sentido de comunidad a través de las Páginas de Empresa, perfiles de compañeros, empleados, ejecutivos y en algunos casos grupos de **Linkedin**, *hace que la estrategia de negocios tenga más sentido.*

FOMENTE UN SENTIDO DE COMUNIDAD

MERCADEAR, desde mi punto de vista frente a **Linkedin,** es esa parte de los **negocios** enfocada en construir **relaciones** con profesionales del mundo

No son solo clientes, son relaciones!

Las marcas (personas o empresas) como parte de los negocios, construyen relaciones usando a **Linkedin** para **Enfocarse** (*Target*), **Publicar** (*Publish*) y **Extender** (*Extend*).

* Enfocarse con exactitud para alcanzar una audiencia de alta calidad,

* Publicar contenido relevante en un contexto profesional.

* Extender a través del *Social Sharing* y extender **tráfico de calidad** y **datos** a los sitios claves de la marca.

En **Linkedin** y especialmente en los **Negocios,** es clave que **Riegue el Mensaje** y **Construir Relaciones Significativas.** Extender el Enganche dentro y fuera de **Linkedin.**

PUBLIQUE CON PROPOSITO

VENDER, desde mi punto de vista frente a Linkedin, es esa parte de los negocios enfocada en enganchar tomadores de decisiones en todo el mundo.

Sin duda, es una nueva generación!

LinkedIn ayuda a las empresas a aumentar las ventas a través de relaciones y percepciones. Se faculta a los profesionales en ventas para encontrar la persona adecuada, el mejor camino, y, lo que hay que decir. Hay que preguntarse entonces:

- ¿Quién es la Persona Correcta?
- ¿Qué digo?
- ¿Cómo entro? (¿Cómo puedo entrar?)

Identificar y enganchar los mejores prospectos. Encontrar la persona correcta es la mitad de la batalla y **Linkedin** hace eficiente el proceso para hacer de las ventas algo exitoso y ayudar a conducir nuevas oportunidades de negocio.

**CON LINKEDIN & LAS REDES SOCIALES
LAS VENTAS SON VERDADERAMENTE ESCALABLES**

CAPITULO 06

LINKEDIN PARA NETWORKING

LINKEDIN PARA NETWORKING

Las relaciones son importantes. Importan «online» y «offline». Para las empresas, las relaciones significan más hoy de lo que han significado siempre. Durante años, **LinkedIn** ha ayudado a los profesionales a forjar relaciones mutuamente beneficiosas con otros profesionales lo que les permite construir equidad de marca y convertir sus esfuerzos sociales en nuevas oportunidades de negocio. Sus empleados por ejemplo, son algunos de sus más valiosos evangelistas en la organización. Al distribuir información y noticias relevantes a los empleados, las empresas puede reducir la fricción inherente a los tradicionales canales de comunicación y posteriormente aumentar la probabilidad de que los mensajes adecuados sean compartidos con la audiencia correcta en el momento correcto.

La mentalidad de un individuo es muy diferente cuando se engancha en una red personal a cuando lo hace en una red profesional.

NETWORKS / REDES SOCIALES PERSONALES: Los usuarios están buscando contenido que de gratificación inmediata como cupones, juegos o entretenimiento.

NETWORKS / REDES SOCIALES PROFESIONALES: Los miembros quieren contenido e información que pueda ayudarlos a trabajar inteligentemente y tomar mejores decisiones.

LAS RELACIONES CUENTAN HOY MÁS QUE NUNCA, PERO TAMBIEN EL CONTEXTO

La calidad es más importante que la cantidad, su red es una parte importante de su identidad profesional. Las relaciones profundas con conexiones relevantes rinden mejores resultados que una amplia pero vacía red de conexiones no relacionadas entre sí o conocidos distantes. Mantenga su red

UTIL y SIGNIFICATIVA conectándose con personas que conoce y confía. Es importante establecer un *rapport* con clientes y prospectos antes de enviarles solicitudes de conexión. El *rapport* ayuda a darle un marco de trabajo a la solicitud de conexión como una construcción natural de relaciones en lugar de una táctica de ventas.

Estrategia Genérica de *Networking* en Linkedin:

- Conéctese con gente que conozca y en la que confié
- Está bien Archivar (Ignorar) solicitudes pero trate de ser flexible.

COMO HACER NETWORKING

1. 100% Perfil Completo = 40x más probabilidades - 40x más oportunidades en Linkedin.

Construya conexiones comenzando con la gente que ve todo lo que tiene para ofrecer.

2. Usted es más experimentado de lo que piensa; nunca se sabe a quién vamos a llamarle la atención en Linkedin

Piense en términos generales acerca de toda su experiencia, incluya trabajos temporales, prácticas no remuneradas, voluntariados, organizaciones de estudiantes.

3. Utilice la bandeja de entrada de Linkedin

Hacer redes no significa dejar por fuera a los extraños. Cargue su libreta de direcciones en línea (a partir de su cuenta de correo electrónico) y conecte con personas que usted conoce y en quien confía.

4. Vuélvalo personal, Linkedin es una re social más flexible de lo que parece

A medida que construye conexiones, personalice peticiones con notas agradables, si es necesario, un recordatorio de dónde y cómo se conocieron, o las organizaciones que tienen en común..

5. Únase al «*Crowd*» (Linkedin Groups)

Comience con su grupos escolares y llegue a los ex-alumnos (les encanta conectar con sus pares).

6. Échele una mano *virtual* a alguien en Linkedin / ¿Cómo apoyar a los demás?

Opine sobre el estado de un compañero o colega, actualice su estado o reenvié información valiosa a sus amigos. Su generosidad será devuelta!

7. Actualice su estado de Linkedin pronto y con frecuencia, permanecer en el radar

Las redes no son sólo acerca de a quien conoces sino también de quien lo conoce a usted. Cuente que está haciendo ☺

8. Solicitud de entrevistas de información vía Linkedin

Nunc solicite ser contratado, solicite entrevistas informativas para buscar consejo o entender mejor una empresa, negocio, producto, marca etc. Podría no parecerlo, pero las personas por lo general están dispuestas a hacerlo.

9. Haga su tarea en Linkedin antes de entrevistas informativas o formales o de un evento de *Networking*

Utilice las Búsquedas Avanzada y las Páginas de Empresa para aprender conocer antecedentes e intereses de la gente relacionada que estaría en esas reuniones.

10. Aléjese del Ordenador! / Lo mejor de Linkedin, irónicamente, muchas veces sucede fuera de Internet.

Mantenga un toque humano real. Haga llamadas, asista a eventos en vivo, y envié *«snail mail notes»* electrónicos a quienes interactúen con usted.

Empiece buscando, escribiendo y conectándose con Compañeros o *Excompañeros*, **Colegas o** *Excolegas*, **Amigos y Familiares**

TIP: Busque Grados de Conexión (1^r. 2°. 3^r.)

Conéctese con Redes de *Alumni* de donde ha Estudiado y/o Trabajado y miembros por Industrias de Interés o Campos de Conocimiento.

TIP: Empiece buscando a través de los Grupos

Construya y mantenga nuevas conexiones.

TIP: Use Introducciones para llegar a Contactos de 2º.

EL TAB DE «RELACIONES» DE LINKEDIN
(UNA MICRO SUITE CRM)

Texto del *Long Post* de Linkedin por Melonie Donaro
(traducido y adaptado por Andrés Velásquez)

¿Se has preguntado cómo muchos de sus conexiones son clientes o clientes potenciales o clientes potenciales? / ¿Olvidas enviar mensajes de correo electrónico de seguimiento a algunos de sus clientes potenciales? / ¿Pierde regularmente notas que han recogido de sus clientes potenciales más sólidos?

/ ¿Alguna vez ha deseado acordarse cómo conoció a un prospecto en particular?

Si cualquiera de estas situaciones es ciertas para usted, entonces usted encontrará de gran valor que **LinkedIn** haya incorporado una herramienta de organización, la Ficha de Relación, disponible tanto para miembros gratuitos como de pago. Incluso si usted todavía no ha experimentado estos problemas, debido al crecimiento de la red, es de las funciones más valiosas que encontrará para ayudar a mantener organizada su información de contactos que son prospectos y estar monitoreando su red en función del seguimiento de negocios y de los esfuerzos en la generación de *leads*. La función también le permite guardar y registrar información sobre los contactos en su red que aún no están conectados con usted. El beneficio de esto es que se puede crear una lista de clientes potenciales con la que le gustaría conectarse; también, la información de registro que desea tener a la mano sobre estos y, luego, el seguimiento de sus esfuerzos para conectarse. No necesita preocuparse por la información que se tiene en esta función ya que todo privado, así que nadie más verá lo que ha escrito.

CAPITULO 07

PÁGINAS
DE EMPRESA
EN LINKEDIN

PÁGINAS DE EMPRESA EN LINKEDIN

Son tantas las empresas y marcas habitando en **Linkedin** y que están en competencia directa, que, es determinante que la Página de empresa en **Linkedin** sea personalizada (o «*customizada*»). Su mejor apuesta para hacer que su contenido se destaque y sea compartida es «personalizar» todos los aspectos posibles de esta, desde el nombre y el URL hasta los vínculos o incluso pestañas con destinos específicos para nuevos visitantes, esto, incluye también las actualizaciones de estado que los seguidores actuales de la página de empresa ven en sus fuentes de noticias. **Linkedin** es relativamente sencillo de personalizar en realidad, en este sentido **Linkedin** ha sido siempre muy sencillo + sobrio, además, **Linkedin** en parte se enorgullece de que sea así; pero, es mucho lo que se puede hacer de manera paralela, complementaria y suplementaria. Muchas otras marcas o empresas, no están aprovechando al máximo las herramientas gratuitas y las funciones disponibles para ellos, por lo que un pequeño esfuerzo adicional de su parte puede servir para recorrer un largo camino. Debido a que **Linkedin** es innovador y está en cambio constante, también las herramientas y métodos de personalización cambian, este capítulo explora y muestra estrategias y tácticas para hacer que su página de empresa se destaque y se convierta, sino en un destino obligado, en un destino deseado o recomendado.

LOGO ESTÁNDAR Y LOGO CUADRADO

El «Logo Estándar» de la Página de Empresa en **Linkedin** es de los primeros elementos que los seguidores actuales ven cada vez que entran a su sitio. Es, una imagen que ven cada vez que vienen a tu página. Estas imágenes en miniatura son la representación visual de su Página de empresa en espacios como el suministro de noticias (*News Feed*) lugar donde, dicho sea de paso, sus contactos y sus marcas y sus empresas piden atención a gritos. Los logos de la página deben como es lógico, poderse destacar, pero también ser fácilmente distinguibles en un entorno de rápido movimiento como lo es una red social en su panel de actualizaciones. Tanto Facebook como **Linkedin** lo llaman ICONO y es de hecho de eso de lo que se trata, crear una imagen ICONICA o variante de esta. / El mantenimiento de una conexión entre las imágenes icónicas de la página de empresa y el suministro de noticias de ayuda a aumentar la interacción, el compromiso, el número de clics; los seguidores de su Página de empresa reconocen inmediatamente su marca y responden a su contenido. Debido a que los logo-iconos de la página de empresa son una representación importante de su marca, usted debe aprovechar al máximo el espacio que **Linkedin** permite. Los logos en este contexto, previene la confusión entre tanta gente y tanta información; muchas marcas utilizan un logotipos estáticos como iconos pero algunas empresas cambian (como parte de algunas campañas por ejemplo) estas imágenes con variaciones del logo que, no afectan el concepto original de la representación visual de la marca, haciendo que los diseños estáticos dejen de ser considerados. Otras empresas, son más conservadoras cuando se trata de tener diferentes «looks».

ACTIVOS DE DISEÑO Y DE MEDIOS
/DISEÑANDO ACTIVOS Y MEDIOS

Los logos e iconos de la Página de empresa ahora pueden dar una buena impresión, pero la cosa no puede acabarse ahí. **Linkedin** tiene otras herramientas de personalización como las «Páginas Vitrina» que se especializan en productos o portafolios (de alguna forma reemplazaron las pestañas de PRODUCTO/SERVICIO). Este tipo de Páginas en **Linkedin** ofrecen una forma similar pero distinta de interactividad con respecto a las tradicionales Páginas de Empresa en **Linkedin**. Hay un montón de espacio para transmitir su mensaje. No es necesario contratar diseñadores para los recursos internos de **Linkedin** pero si se siente cómodo haciéndolo, a veces eso es lo más recomendable. De cualquier manera, usted necesitará también saber un poco de escritura de código web para entender internamente el funcionamiento de **Linkedin** aunque siempre esté usando una interface visual predeterminada.

Nada es demasiado extenuante o sofisticado en las soluciones de mercadeo de **Linkedin**, y, eso es en realidad muy bueno para su empresa o sus iniciativas comerciales b2b o de ventas. Aunque las «Páginas Vitrina» se ven muy bien, crearlas implica que su marca o empresa deben pensar en la misma cantidad de trabajo con cada una de estas que con la Página de empresa de la cual «dependen», además, **Linkedin** como todas las redes sociales están permanentemente ajustando directrices y muchas aplican para las soluciones de mercadeo que parten de las Páginas. Si apenas está comenzando a «vender» o «posicionar» en **Linkedin**, apúntele a lo simple y vaya creciendo a partir de ahí de forma orgánica, es decir, según se lo vayan exigiendo sus seguidores o contactos.

CONTENIDO EN LINKEDIN

La adición y actualización de contenido tanto en plataformas externas pero conectadas a **Linkedin** (*Slideshare*) como en las actualizaciones de estado están entre las maneras más fáciles de optimizar y personalizar su Página de empresa (y grupos) y apalancarse desde ahí para destacarse. Piense en la «VOZ» y el «TONO». Su negocio, tal vez es «gurú» y tenga mucha información o conocimiento para impartir y compartir. O, podría ser que su marca actúa creativamente e inspire a otras personas o empresas. Las personas, los productos, las marcas, las empresas tienen personalidad y la personalidad es comunicable, en el ámbito de los negocios, ningún lugar puede ser mejor que **Linkedin** para exponer la personalidad en términos de mercadeo. Por otro lado, el contenido es la pieza más maleable de una página de empresa en **Linkedin**, haga que valga la pena toda esa libertad y flexibilidad de contenido. Sin importar lo que está ofreciendo en su página de empresa en **Linkedin**, la personalización de contenidos es clave. Busque y encuentre a alguien que escriba bien y que sea recursivo con imágenes y no solo para campañas de email o Páginas web. Se necesita una persona o un equipo que hagan del contenido plano y aburrido algo voluptuoso y entretenido, siempre, claro manteniendo códigos corporativos y de respeto por sus clientes o sus grupo objetivo (contactos de **Linkedin** y seguidores de la Página de Empresa en **Linkedin**). Se requiere un estilo especial para que las cosas sean relevantes y notables al tiempo y solo con medios enriquecidos (Imágenes) sino con palabras claves (Etiquetas de Contenido). Declárese enemigo del contenido estático, sus espacios en **Linkedin** deben permanecer frescos y ojalá, para evitar rediseños enteros, mantener un estilo y una actitud «EVERGREEN» ☺ / Con estos criterios, actualizar una «Página Vitrina» o una «Página de Empresa» no tiene que ser sufrimiento sino divertimento, así lo hará cada que sea necesario; así, se refresca usted y refresca sus productos, su marca, su empresa dejándolos siempre al alcance de la gente.

PATRONES DE MARCA

Idealmente se deben publicar nuevos contenidos cada día. Las actualizaciones de estado son una forma fácil de personalizar y sincronizar la página de empresa con su marca. Los seguidores de la página de empresa, pueden verlos en sus fuentes de noticias. Los blogs son una manera simple y de hecho muy completa, simple y rápida de actualizar contenidos y personalizar su página de empresa a través de contenidos. Para poner aún más personalidad a su página de empresa, establezca patrones y temas para cada día. Estos temas «globales» permiten la flexibilidad en contenido específico y, al mismo tiempo establecen expectativas en los seguidores de las Páginas. De información que genere interés sin dar la publicación entera. Muchas marcas han alcanzado y mantenido puntos cumbres a través de las redes sociales. Los temas pueden ser muy abiertos y orientados al consumidor o ser más sutiles (concursos). Usar tema en patrones guía exitosamente la creación y publicación de contenidos. En redes sociales como Facebook, por ejemplo, se usan cosas como Lunes de *Trivia*, Viernes de Seguidores, Jueves de Consejos, Martes de Ideas, Miércoles de Concursos, esto es extrapolable a **Linkedin** si se establecen parámetros de diferenciación de contenidos específicos por canal. De cualquier manera, siempre podrá hacer que el desarrollo de temas de contenido sea mucho más fácil y útil a los Seguidores de su Página de Empresa en **Linkedin**.

...LO EXCLUSIVO

¿Quién o qué empresa no quiere que visiten su Página o perfil de **Linkedin**?, pero en realidad deseamos también que visiten una Página Web, un blog o incluso una tienda virtual o física para comprar su producto o servicio. A menos que ya son clientes, en ninguna red social y tampoco en **Linkedin** podemos saltarnos la venta dura aunque las llamadas en frio ya no sean tan frías. Es necesario convencer a los usuarios de **Linkedin** (sus contactos) o seguidores de la Página de sus empresa para que sigan llegando/viniendo y quedándose «un rato». La personalización del diseño de la página de empresa y el contenido de esta se basará probablemente – preferiblemente en los nuevos visitantes, pero ofreciendo contenido EXCLUSIVO, en **Linkedin** los espacios de los **Influenciadores** de **Linkedin** aportan ese ingrediente de EXCLUSIVIDAD (7,5) que hará conectarse a la gente con marcas y empresas o sus respectivas Páginas y de paso con algunos de sus representantes estrella (caso de *Martin Sorrell* y todas las empresas del Grupo WPP). Piense en lo que les gusta a sus clientes actuales. ¿Campañas, Concursos, Promociones, Descuentos, Regalos?, todas son una oportunidad sencilla para vender apalancado de Páginas de Empresa. No se asuste de pensar fuera de la caja. Suena trillado pero la gente busca que la hagan sentir especial y la exclusividad alimenta ese sentimiento y es también un manera simple de personalizar su página de empresa en **Linkedin**. Su acuerdo de exclusividad puede cambiar todas las semanas o dar un giro cada mes. La información por ejemplo en «Páginas Vitrina» (de las que hemos hablado como «*Showcase Pages*» debe generar gusto en la gente, el deseo de comentar o el impulso de compartir para que así se promueva esporádicamente pero consistentemente usando como canal el «*News Feed*» con actualizaciones de estado como método. Lo más importante es asegurarse de que habla su marca y su página de empresa y que usted o su negocio ofrecen algo que nadie o pocos ofrecen.

CARACTERÍSTICAS DE *CUSTOMIZACIÓN*
(EX: «SHOWCASE PAGES»)

Linkedin entre pocas redes sociales se ha esforzado mucho para mantenerse alejado opciones excesivamente personalizables, pueden darse cambios en el futuro pero el estilo de **Linkedin** nunca será exagerar. Sin embargo, opciones/plataformas/aplicaciones como IFTTT.COM y HOOTSUITE.COM permiten programar manualmente o automatizar publicaciones usando RSSs que son ideales para «dragar» / «traer» contenido de un Blog propio o de un tercero hacia **Linkedin**. Aunque eso no es exactamente *«customizacion»*, contribuye al proceso.

Linkedin y aplicaciones como IFTTT (crear «Recetas» de Publicación) solo piden ser muy claros - específicos con los campos de los Encabezados, las Imágenes, el Cuerpo del Texto, los Autores, las Fuentes y los Enlaces o URLs, así como los Datos de Contacto o Alternativas de Conexión para el *«Engagement»* ,bien individual o corporativa. Otras

200

aplicaciones ayudan a reutilizar contenido como HOOTSUITE (repitiendo publicaciones en unos pocos y sencillos pasos).

Por supuesto, si usted aun quiere más personalización, **Linkedin** lo permite pero ya debe quedar en manos de programadores expertos y especialistas en diseño que entiendan cómo funciona el desarrollo con **Linkedin**. Así adicionalmente puede ganar un poco más de control en lo de adentro y lo de afuera (visualización y funcionalidad).

APLICACIONES DE USUARIO

Hacer aplicaciones propias es un gran paso para usted o su empresa, pero también se pueden hacer movidas más funcionales, más fáciles; crearlas puede ser «entretenido» pero hacerlas relevantes para su negocio puede ser un reto, pero, una vez que usted tiene una idea, puede ser una buena manera de usarla a través de una aplicación para hacer mercadeo para su compañía a usando colateralmente las Páginas de Empresa. La gran mayoría de las personas usan **Linkedin** para buscar oportunidades o ser encontrados para ofrecérselas, por esa razón, cualquier aplicación externa que le ayude a la gente a lograr eso es un canal poderoso de conexión con el grupo objetivo. Los Medios Enriquecidos son una gran parte de **Linkedin**, por lo cual, cualquier aplicación que permita compartir Videos, Presentaciones, Imágenes o «*Podcasts*» está yendo al nivel siguiente. En el centro de **Linkedin**, los gustos, intereses e impulso de la gente se ven reflejados en sus perfiles. Las aplicaciones se aprovechan positivamente de la información profesional de las personas.

SHOWCASE PAGES O «PÁGINAS VITRINA» DE LINKEDIN

Las *Showcase Pages* (cuya traducción literal seria «*Página Vitrina*») son Páginas dedicadas que permiten a las empresas poner de relieve diferentes aspectos de su negocio y construir relaciones con la comunidad correcta. Ya sea que se trate de una marca, una unidad de negocios, o una iniciativa, a partir de una Página tipo *Showcase* se proporcionarán las actualizaciones que más interesen a los seguidores. Interactuar con la *Showcase Pages* es fácil. Estas Páginas son todo acerca de contenido, por lo que al visitar una de estas Páginas especializadas se puede llegar rápidamente a las últimas actualizaciones. Al igual que cualquier página de empresa en **Linkedin**, si desea asegurarse de que ve las futuras actualizaciones en su *feed*, simplemente haga *click* en el botón "Seguir". Si usted es un administrador de la página de su empresa en **Linkedin**, puede crear fácilmente una *Showcase* propia que quedara dependiendo directamente de la Página de la empresa. En primer lugar, identifique las áreas de negocio que su empresa necesitan mostrar en un «Vitrina» virtual en **Linkedin**. Luego vaya al menú desplegable "Editar" y seleccione "Crear *Showcase Page*«. Una vez creado, puede empezar a compartir contenidos de su página o de su mismo perfil inclusive. Usted también será capaz de controlar el rendimiento de estas sub-Página a través de las herramientas de análisis en **Linkedin**.

CAPITULO 07A

ADMINISTRACION DE LAS PÁGINAS DE EMPRESA EN LINKEDIN

ADMINISTRACIÓN DE LA PÁGINA DE EMPRESA EN LINKEDIN

La gestión de su página de empresa le asegura que tiene un dedo en el pulso de sus consumidores, ayuda a atraer y mantener a los miembros, y puede ayudar a las iniciativas de mercadeo directo más allá de **Linkedin**. Como una extensión de su sitio web, pero que ofrece mucha más libertad usuario, su página de empresa debe ser monitoreada. Usted necesita mantener el ojo puesto en su «muro» específicamente, lo bueno y lo malo como críticas positivas y negativas de los seguidores de Página de Empresa en **Linkedin**. Guste o no, lo que la gente publica en el muro de su página es reflejo su marca. Si usted permite que sea invadida por basura, groserías, quejas sin atención o preguntas sin respuesta, su marca se verá afectada.

Usted y su empresa necesitan poner CONTENIDO FRESCO, pero también es necesario participar e involucrarse con la gente de su Página de empresa en **Linkedin**. Este capítulo muestra y enseña a mantener su página de empresa en **Linkedin** llena de CONTENIDO FRESCO y cómo mantener «felices» a los seguidores.

EXCLUSIVO, SOLO PARA SEGUIDORES ☺

Una de las mejores maneras de ganar seguidores en una Página de empresa es ofreciéndoles algo más, específicamente, algo que no pueden obtener en ningún otro lugar. Al proporcionar entregas exclusivas, le da una razón tangible a las personas para que visiten su Página de empresa en **Linkedin** y quieran seguir viniendo

(10,1). Esta táctica es aún más eficaz cuando se combina con algún tipo de «oferta» (en **Linkedin** hay que ser mucho más cuidadosos que en Facebook para contenido comercial pues, hay que recordar que son nichos distintos). Entregar a través de su Página algo que la gente o las empresas realmente aprecien y usen, demuestra que su Página de empresa también es valiosa y todo a un solo *click* de distancia. Cree enlaces a promociones únicas y use códigos o claves exclusivos dentro del canal de **Linkedin** para la gente que quiere redimir dichas promociones; haga promoción de sus promociones y haga seguimiento del tráfico en su página web o página de aterrizaje para monitorear los resultados de conversión. No haga ofertas excesivamente o promociones muy frecuentes, tanto prospectos como clientes pueden ser persuadidos por cosas menos tangibles que ofrecen beneficios, los eventos son un ejemplo de eso. Recicle o reutilice lo que haya funcionado o haya sido exitoso pero tampoco abuse de esa alternativa.

ACTUALIZACIÓN DE ESTADO FRECUENTES EN LINKEDIN

Es importante publicar actualizaciones de estado frecuentes o hacer Publicaciones en el «Muro» con nueva información, se ha dicho esto varias veces atrás y seguirá siendo importante enfocarse en el contenido, pues, en las redes sociales, el contenido es mercadeo. Muchos de los *mercadologos* actuales se basan en esta táctica para mantenerse a la vanguardia de la competencia (107A2). Planéese para poner mínimo una actualización por día y considere días con contenido más frecuente. El truco está en mantener a los usuarios informados y entretenidos sin obstruir su flujo en el suministro de noticias y volverse molesto para ellos; cada «post» tiene una razón, cerciórese de que no es simplemente poner por poner, tómese tiempo extra para asegurarse de que es rápido, fácil de entender, y atractivo. Siempre compruebe, ortografía, gramática y sintaxis, muy especialmente cuando se trate de publicar en **Linkedin** como compañía en la Página de empresa. Piense en el tipo de medios o vínculos que podría incluir para realizar actualizaciones que se destaquen. De nuevo, recuerde que un calendario de contenido puede ayudar con una gran cantidad de trabajo en la planificación.

SIEMPRE TENGA PRESENTE DIAS y HORAS QUE PRODUCEN MEJOR RESPUESTA EN SU GRUPO OBJETIVO

Hay literalmente un montón de organizaciones con Página de empresa en **Linkedin** compitiendo con usted y su empresa por el espacio que la gente tiene en sus FEEDS para mantenerla atenta dando *clicks* de LIKE, COMMENT, SHARE con contactos de **Linkedin**. Dale a la gente una razón para seguir volviendo y deles el contenido que desean.

REDISEÑAR OPORTUNAMENTE

Ok, ahora usted está haciendo actualizaciones de estado al menos, una vez al día y mantiene un flujo constante de contenido que va y viene (tanto en el «*Wall*» como en el «*Feed*»), Pero ¿qué pasa con el resto de su página de empresa? Algo extraordinario de **Linkedin** es lo simple que puede ser actualizar información en una pestaña de contenido o módulos de información con respecto a lo que hay que hacer para editar o actualizar una Página web o blog. Piense que debe REFRESCAR su Página de empresa en **Linkedin** por lo menos 4 veces al año, mínimo una vez por año. Puede por ejemplo hacerlo cada QUARTER, o puede hacerlo por temporadas o hacerlo cada primavera, verano, otoño e invierno (aunque su producto o marca no tenga nada que ver con el cambio estacional). Lo anterior es solo un ejemplo / sugerencia que puede funcionar mejor en empresas o productos relacionados con alimentación o moda (restaurantes / almacenes) pero su empresa puede inventar excusas temáticas de actualización de la Página de empresa en **Linkedin**. Hay muchas razones e ideas para actualizar periódicamente una Página de empresa en **Linkedin**. Otro ejemplo pueden ser fiestas nacionales o fiestas de la cultura popular «Global»: San Valentín, San Patricio, *Halloween*, Navidad. O simplemente piense en transiciones suaves de información o diseño como recordatorios para actualizar la página. Si usted tiene mucho o poco que hacer, incluso se puede actualizar una vez al mes. A una empresa o persona le queda irónicamente más fácil hacerlo mensual para no acumular trabajo (los que tienen poco tiempo) o para hacer algo robusto los que tienen más tiempo. Las actualizaciones de estado proporcionan una dosis diaria de nuevos contenidos, pero estos son sólo pequeños fragmentos de lo que su página de empresa ofrece o tiene para ofrecer. Renovar el aspecto y los mensajes o la información de las fichas de información, asegura incluso el largo plazo de la Página de empresa en **Linkedin**; y, mantiene también en el largo plazo la lealtad de los seguidores o las formas de persuasión para los visitantes, quienes, a un solo *click* de distancia, empiezan a ser parte de la vida de su marca y de su empresa. Juegue (seriamente) , o más bien experimente (organizadamente) con **Linkedin** para ver cómo funciona, que le funciona y que es lo que mejor funciona para usted, su producto, su marca o su empresa.

PROMOCIONES

Las promociones (en el marco de campañas), por naturaleza, son un ejercicio de comunicación comercial cuyo objetivo usualmente es incrementar resultados de ventas a partir de acciones por parte de la gente del grupo objetivo que tiene un límite de tiempo para acceder a lo prometido con las características / criterios especificados. Ya sea un concurso, la realización de un evento, lanzamientos en línea, la apertura de una tienda, las promociones en **Linkedin** están diseñadas también para ser actualizadas frecuentemente (si aplica para su negocio). En el corto plazo (promociones de un día como la apertura de un almacén, artículos de cantidades limitada –

hasta agotar existencias o recetas o platos especiales) puede ser cubierto en una actualización de estado o dos. Las promociones a largo plazo, sin embargo, merecen el uso de espacios exclusivos para estos; únicamente para promociones específicas.

«Tab» o Casilla de Promociones

Linkedin es bastante «original» por no decir «raro» respecto a su ecosistema para explotarlo para mercadeo, si lo comparáramos con *Facebook* encontraríamos muchas similitudes, pero sus diferencias no tienen paralelos o alternativas alineadas.   Para empezar, la opción de promociones como tal no existe en las Páginas de Empresa o en las Páginas Vitrina sino en los grupos. Los grupos tienen un espacio similar al de las Actualizaciones de Estado que tiene un cajo para un TITULO (donde hay que entrar un «Tópico de Discusión»), un cajón de DETALLES, un cajón para escoger con cual GRUPO COMPARTIR, y, finalmente, escoger un TIPO DE DISCUSION, que incluye, un *Item* «General», de «trabajo» (*Job*) y una «PROMOCION» (*PROMOTION*). Estos espacios dedicados a promociones únicas sirven a promociones grandes a largo plazo que se ejecutan por lo menos en un par de semanas. Aquí no hay diseños, es bastante plano, prácticamente es solo texto (al menos hoy por hoy), específicamente para reflejar la promoción e incluir algún tipo de funcionalidad se debe aportar un URL si quiere traer gente; como siempre y es recomendable, los títulos y detalles deben ser claros y directos, de otra manera el enganche va a ser muy bajo. Puede hacer promociones conjuntas de corta duración en distintos grupos al tiempo pero escoja vías acordes a su marca para que las promociones tengas los resultados exitosos que busca. Conecte promociones con actualizaciones de estado para darle más potencia de mercadeo y de comunicación.

Promociones como Parte de las Actualizaciones de Estado

Linkedin no tiene pestañas personalizables por lo que la única personalización puede tener cabida en las actualizaciones de estado. Use ese espacio inteligentemente cuando se trate de promociones.

RASTREO Y MONITOREO

Su página de empresa en **Linkedin** tiene un objetivo principal, atraer e involucrar seguidores de su marca y de paso, la construcción de una comunidad en torno a su marca donde el canal es la Página de empresa. Si bien el aumento de la interacción mediante el fomento de las preguntas y comentarios es una estrategia sólida

y una parte integral de su plan de marketing de **Linkedin**, también genera una gran cantidad de contenido por parte de los usuarios y los comentarios en torno a esto deben ser monitoreados (10,5). Muchos servicios ofrecen monitoreo automatizado de redes sociales (haga una rápida búsqueda en Google con las palabras "monitoreo de medios sociales" y descubrirá que este buscador le proporciona una serie larguísima de herramientas gratuitas o pagadas que son útiles para muchos propósitos y en distintos niveles). Pero, no hay como la intervención humana para el monitoreo cualitativo. Eso significa «ojos» auténticos puestos en la Página de empresa, alguien de su equipo (o usted si tiene tiempo) puede «tomarle el pulso» a la Página que su empresa tiene en **Linkedin**. Tiene que haber alguien que responda a preguntas, quejas y/o felicitaciones. No hay que estar vigilando su página de empresa, sus Páginas Vitrina o sus grupos y subgrupos todos los días, pero debe comprobar el comportamiento de la Página al menos con un vistazo diario. Si usted está «posteando» con frecuencia, tenga la disciplina de estar mirando lo que está pasando. Puede que el grueso de la acción podría llegar justo después de cada publicación y no deje de estar visitando y vigilando después de eso. Si se está ejecutando una promoción en **Linkedin**, debe elegir los recipientes beneficiarios de las promociones y responder preguntas desde o hacia su Página de empresa por ejemplo, con quienes son ganadores y las dudas asociadas. No pierda tiempo respondiendo a comentarios genéricos como «Admiro su Empresa», «Su producto es mi favorito» o mensajes por el mismo estilo.   Elija responder a las entradas que hacen usuarios con comentario útiles. Haga notar su presencia, pero no seas arrogante. Anime a la creación de comunidades y deje que estas hagan la mayor parte de la conversación.

RETROALIMENTACIÓN Y MODERACIÓN

Las Páginas de Empresa deben ser supervisadas, pero, eso es sólo la mitad de la batalla, sin embargo, y cuando se trata de tiempo, más bien solo es 1/5 (una Quinta Parte). También debe moderar su página de Empresa en **Linkedin** y actuar con criterio sobre qué tipos de mensajes deben ser borrados, respondidos o dejar como están (10,6). Cómo determinar lo que se queda y lo que se va depende de usted. Algunos administradores tienen como reacción primaria, quitar todos los comentarios negativos de la retro - alimentación; otros, lo dejan y responden a las críticas de la mejor manera posible. Una buena regla a seguir es dejar comentarios legítimos, tanto positivos como negativos, para que todos lo vean. Responda a ambos tipos de mensajes, ya sea con mensaje de «gracias por su opinión...» o una respuesta adecuada a las preguntas y quejas. A algunas personas les gusta usar los medios sociales sólo para quejarse; pero, por lo general es bastante fácil diferenciar a quienes sólo quieren causar problemás de los que quieren su ayuda para resolver un problema. Si piden una solución, tratar de darla, pero no se ate a responder exclusivamente a través de **Linkedin**. Un mensaje que deje claro que "te escuchamos...» puede ser un gran avance. Poner respuestas públicas a cosas que deberían ser respondidas discretamente, por otra vía o en privado es un error que un «*Community Manager*» en **Linkedin** no puede darse el lujo de cometer. Tenga cuidado también con el SPAM. Usted quiere mantener su «Muro» de **Linkedin** abierto a comentarios relacionados con su marca su categoría o su industria, pero este encima con el ojo puesto sobre personas con sus propias agendas para molestar a su empresa o ensuciar su marca. Tener éxito en eso, puede ser la diferencia entre una buena experiencia de usuario en el canal de **Linkedin** para su empresa o una mala experiencia en el camino desde la que es difícil ganar o recuperar seguidores de la página.

RESPONDER EN LINKEDIN ES UN «ARTE»

Borrar *spam* o comentarios con mentiras o cosas falsas en **Linkedin** está bien pero acuérdese que hay que pensar como «Servicio al cliente». Si algo salió mal, es hora de arreglarlo. Puede responder a preguntas generales con bastante rapidez y puede beneficiarse tanto un comentario sobre una entrada de un usuario existente como de una actualización de estado general. Puede «llamar» personas específicas que para mostrarles que estás escuchando (un mensaje interno funciona para eso; algo así como "Gracias por el recordatorio, Andrés!). Si la pregunta o queja es más personal, puede que tenga que investigar un poco y probablemente querrá hacer seguimiento en línea. La Honestidad Diplomática en **Linkedin** es su mejor apuesta. Si no está familiarizado con la situación en torno a una queja manténgase al margen hasta documentarse o hablar con alguien que este informado. Usted necesita obtener hechos antes de presentar una solución. Mientras tanto, se puede publicar algo público o privado que diga que está trabajando en la solución del problema. No descarte la posibilidad de conseguir números celulares o direcciones de correo electrónico si una situación se torna demasiado delicada. Aunque no es demasiado común o imposible de controlar por vías digitales es bueno tener planes de contingencia que no dependan de lo digital. Nunca, Nunca olvide dar las gracias y comente como representante de su empresa o como empresa en artículos o historias relevantes publicadas en su Página o perfil (si ese es el caso). Siempre, Siempre «hable» términos positivos. Al hacer lo recomendado puede ayudar a fomentar sentido de comunidad, así que también saque tiempo para responder a los buenos comentarios.

PUBLICIDAD, ANUNCIOS Y ANUNCIOS PUBLICITARIOS DE LINKEDIN

Linkedin no lo dice pero los anuncios en esta plataforma se deberían actualizar por lo menos cuatro veces al año, al igual que su pestaña de información general en la Página de empresa; las compañías no son estáticas, las marcas tampoco. La publicidad de **Linkedin** es quizás uno de los vehículos publicitarios más efectivos de internet (aunque hay que pagar por esta, por supuesto), y, se puede jugar con miles de posibles parámetros. Experimente para averiguar lo que funciona y lo que no funciona y no tenga miedo de cambiar cosas o hacer pruebas. Tranquilo, hasta que no meta información de su tarjeta de crédito y haga *click* en el último botón para que una campaña salga en vivo, experimentar con los parámetros no le va a costar nada. Pero, si quiere ver resultados, si tendrán que haber desembolsos. Canjear anuncios en **Linkedin** es aún más fácil incluso que actualizar información considerando que el espacio y e diseño son simples. Pero no deje que eso lo engañe. Nunca se debe cambiar un anuncio simplemente porque es o parece el momento de hacerlo. Asegúrese de que haya una estrategia / táctica para cada cambio y que los anuncios realmente estén dirigidos a ayudarlo a alcanzar una meta de mercadeo. Estos objetivos podrían fluctuar a lo largo del año, desde ganar seguidores a aumentar interacción en un blog, generar tráfico a una Página de aterrizaje, etc. Los anuncios de **Linkedin** que conducen a sitios fuera de **Linkedin**, deben dejar claro cuál es la localización final. Es posible incluso crear Páginas de destino específicas que le permitan reconocer que personas llegaron desde **Linkedin** gracias a su anuncio. Esto facilita cualquier transición, mientras que también ayuda con el seguimiento y permite fácilmente entregar lo prometido si, por ejemplo, se trata de algo exclusivo a lo que la gente ha llegado solo desde **Linkedin**. Los Anuncios de **Linkedin** que llevan a sitios específicos en **Linkedin** deben tener un aterrizaje específico correspondiente, como la pestaña de una Página de empresa, una Página vitrina, grupos, subgrupos o incluso perfiles. Así que si cambia ubicaciones en su Página, asegúrese de verificar y cambiar la información de los anuncios dirigidos a esos sitios; de otra forma, mandar gente a un lugar desactualizado o muerto puede ser una pérdida de dinero. No está de más recordar de nuevo que debe mantener su contenido fresco; esto se aplica a todo lo relacionado con su página de empresa en **Linkedin**, y, también a los anuncios, incluso y enfáticamente a los anuncios.

CAPITULO 08

DISEÑO & DESARROLLO DE ESTRATEGIAS + TÁCTICAS PARA CONTENIDO EN LINKEDIN

DISEÑO & DESARROLLO DE ESTRATEGIAS + TÁCTICAS

PARA CONTENIDO EN LINKEDIN

Considerando la cantidad de aspectos que hay que tener en cuenta cuando se trata de tecnología, el contenido es, de alguna forma, lo más fácil del escenario y por lo general, la más efectiva para diferenciarse de competidores y alentar consumidores. Lo verdaderamente extraordinario de **Linkedin** para el mercadeo, la comunicación de negocios, las ventas, el *branding*, la publicidad, etc. Radica en un gigantesco número de usuarios especializados que a la vez crea un volumen impresionante de mensajes. Para llegar a estos clientes potenciales o entusiastas/embajadores de marca hay que ponerle un margen al «resto». Debido a que el contenido es un ingrediente clave de cualquier campaña o parámetro de mercadeo, este capítulo explora formas de crear y optimizar contenido para sus contactos y seguidores; al mismo tiempo, posicionar su marca o su empresa constantemente en **Linkedin** y favorecer las búsquedas orgánicas.

CONTENIDO PARA COMPETIR EN LINKEDIN

El promedio de conexiones de primer grado que tiene un usuarios de **Linkedin** oscilaba para el año 2013 entre 400 y 500 personas, y casualmente, también, la mayoría de gente en **Linkedin** está en ese rango de conexiones.

OTRAS ESTADÍSTICAS RELACIONADAS PUEDEN SER VISTAS AQUÍ:

http://www.slideshare.net/afvh/linkedinportrait-of-a-linkedin-user-2013-edition-infographic-by-powerformula

Y esto es sólo una fracción de los +/- 400 millones de personas (a 2013), lugares y cosas con las que se puede interactuar en **Linkedin**.

Teniendo en cuenta los miles de millones piezas de contenido que se comparten a través de **Linkedin**, usted puede entender claramente por qué el contenido es un factor clave en sus esfuerzos comerciales dentro de **Linkedin**. Obviamente, es mucho lo que el usuario medio ve a diario. Pero este usuario promedio también crea su propias piezas de contenido (60 es un número importante y sano) cada mes. Entre enlaces, imágenes, infografías, presentaciones (vía *Slideshare*) colocación de anuncios, espacios de noticias o entradas de Blog, **Linkedin** es tan versátil como Facebook en términos de contenido y tan efectivo como el mejor equipo de vendedores y *mercadologos*. Es normal que **Linkedin** tenga restricciones en su diseño base, de otra manera se volvería un verdadero circo, pero, debido a eso lo que hay que hacer es usar su «Mainframe» para que el contenido sea la mejor manera de vender y mercadear, así como para mantener a los contactos y seguidores en su perfil o en su Página de empresa y que se mantengan informados/educados pero entretenidos (EDUTAINMENT).

DESARROLLAR UN PLAN DE CONTENIDOS EN LINKEDIN

Un plan de contenido bien pensado es la única manera de inteligente acercarse a la comercialización en **Linkedin** y no volver loca su compañía, su equipo, su Página de empresa y sus seguidores. Es tentador simplemente publicar lo que llama la atención día a día, pero esto puede convertirse rápidamente en algo abrumador, especialmente cuando se está compitiendo por la atención en un flujo concurrido de miles de personas (8,2). Un plan de contenido le ayudará a refinar sus metas para **Linkedin**; estas metas, determinaran la frecuencia del mensaje de marca, así como sus temas o tipos de contenido.

ESTABLEZCA METAS DE CONTENIDO EN LINKEDIN

PREGUNTESE: ¿QUÉ ES LO QUE QUIERE HACER EN LINKEDIN?

❑ ¿Quiere crecer sus contactos propios para hacer gestión comercial uno a uno en un modelo B2B?

❏ ¿Quiere atraer personas o empresas externas a un nuevo canal?

❏ ¿Quiere involucrar clientes actuales de su empresa o entusiastas de marca?

❏ ¿Quiere generar prospectos de venta?

❏ ¿Quiere posicionar/re-posicionar su marca?

❏ ¿Quiere entregar otro tipo de valor agregado?

Es probable es que haya dicho SI a todas las preguntas anteriores. Pero, son objetivos diferentes que funcionan diferente en **Linkedin** con respecto a otros lugares en la Web.

Linkedin es una red social y mientras algunas personas serán receptivas a argumentos de venta una mayoría necesita ser persuadida y otros simplemente quieren agregar gente para buscar trabajo y recibir ofertas laborales. Para ser una de esas marcas inteligentes en **Linkedin**, hay que seguir algunas reglas de **Linkedin** que no son oficiales pero tampoco son ilegales. Eso significa información de calidad que se ajuste a la frecuencia y estilo de **Linkedin**: VERSATIL y UTIL. Usted y su empresa pueden hacer el mejor mercadeo del mundo y ser sobresalientes en ventas online o uno a uno pero hay que encontrar un equilibrio entre lo interesante o exclusivo y lo comercial.

FRECUENCIA DE LOS CONTENIDOS EN LINKEDIN

Linkedin tiene una masa grande de usuarios donde su mayoría espera que en las Páginas de Empresa se publique algo nuevo al menos una vez al día (8,3). Algunos prefieren un mayor volumen de *posts*; otros piensan que esto es una razón para dejar de seguir la Página de empresa. Complacer a todos es casi imposible, pero la ventaja de publicar con frecuencia es que más gente puede ser captada desde el *Newsfeed*. Piense acerca de las diferencias de tiempo y patrones de comportamiento al publicar. Si siempre publica a primera hora de la mañana, mucha gente podría perdérselo ya que están en su camino al trabajo; incluso, mucha gente podría simplemente seguir dormida y jamás ver sus actualizaciones de contenido. Claro, lo que la gente de su misma zona horaria podría perderse, a otros en otros países podría llegarles en el momento perfecto; razón de más para tener una red de contactos o seguidores que abarquen muchas zonas geográficas. Seguro que no quiere que su equipo a cargo de la administración de contenido online tenga que publicar las mismas cosas una y otra vez, porque en algún momento, la gente va a ir a su página de empresa y va a ver un «muro» lleno de mensajes repetidos. También un buen consejo alternativo es variar el lenguaje (e incluso escribir de forma bilingüe), varié la forma de manejar los encabezados.

UNA (1) PUBLICACION DIARIA

ES EL MINIMO INDISPENSABLE

DOS (2) o TRES (3) PUBLICACIONES DIARIAS

ES ELPROMEDIO IDEAL

CINCO (5) PUBLICACIONES DIARIAS

ES EL MAXIMO RECOMENDADO

Si usted está trabajando para atraer seguidores a su Página de empresa en **Linkedin**, probablemente debe publicar con más frecuencia pero nunca más de 5 veces al día (por lo menos en un principio), con el fin de llenar su página de empresa rápidamente con un gran contenido que atraiga visitantes y los impulse a volver y, así, renquearse cada vez más «alto» en los motores de búsqueda externos como Google.

TEMÁS&PATRONES
(ESTABLECER COMO COMUNES EN LINKEDIN)

Incluso si usted publica sólo una vez al día, es una gran cantidad de contenido extra que necesita crear cada semana. Sin un buen plan (estrategia + táctica), la tarea de crear y publicar contenido nuevo todos los días puede llegar a ser bastante desalentadora. ¿Sobre qué quiere hablar todos los días? o más importante aún, ¿Qué quiere oír la gente y con que quieren interactuar?. Mantener el «bloqueo del escritor» (síndrome de la hoja en blanco) controlado mediante la creación de funciones cotidianas y temas estándar para cada día de la semana (8,4). De esta manera, cuando intente escribir un Post el Lunes, sabrá cuál es el tema general que debería seguir el Martes. Un enfoque compacto en realidad hace que sea mucho más fácil de escribir contenido fresco y alcanzar sus metas propuestas. Después de haber establecido los patrones de contenido, los seguidores de su Página de empresa se enganchan más profundamente en la medida que identifican que días reciben qué información.

HAGA UN REJILLA DE DIAS, HORAS, TEMÁS, FORMATOS, CANALES

LLEVE UN REGISTRO/ARCHIVO DE LO QUE HA SIDO PUBLICADO

LUNES: Exclusividades, Noticias, Cambios, Innovaciones,

MARTES: Publicidad, Anuncios, Campañas, Artículos,

MIERCOLES: Sugerencias / Consejos, Frases, «Recuerda que...»,

JUEVES: Lanzamientos, Promociones, Descuentos, Saldos, Premios, Regalos,

VIERNES: Alianzas, Eventos, Filantropía,

SABADOS: Chistes, Bromas, Memes, (en **Linkedin** esto debe manejarse con cuidado y con mucho «estilo»)

DOMINGOS: *Trivias*, Juegos,

El contenido real siempre cambia, pero el tema sigue siendo el mismo. El uso de un patrón mantiene el orden y acelera el proceso de creación de contenidos de calidad, mientras tanto, acondicionar la Página de seguidores, para mantener su interés aumentando con esto la posibilidad de que estos compartan contenido suyo.

REJILLAS DE CONTENIDO Y CALENDARIOS DE CONTENIDO

La configuración de temas y patrones es mucho más fácil con la ayuda de rejillas o calendarios de contenido que le permiten claramente ver las fechas y días de la semana (8,5). Similar a un calendario editorial o una rejilla de medios tradicionales, es ideal para también para los medios sociales y las actualizaciones de contenido en estos; es quizás la mejor manera de mantenerse organizado y cumplir con sus objetivos. Usted puede desarrollar una exclusivamente para **Linkedin** o incorporar otros sitios (como *Facebook*, *Twitter*, *Google+*, *Pinterest*,) para mantener distintas redes sincronizadas. Un calendario de contenido puede ser tan simple o tan complejo como usted quiera. En esencia, no es más que un lugar para crear el contenido «antes de tiempo» y asignarle días de la semana, horas, o fechas específicas registrando la frecuencia y los temas. Los calendarios mantendrán su mente y el programa de mercadeo en redes sociales de su compañía en el camino correcto, incluso en los días más ocupados. Sí, usted puede escribir los bloques de texto (Ex.: Artículos) y colectar imágenes o medios enriquecidos antes de tiempo para liberarlo cuando ya está listo. Una cierta cantidad de medios de comunicación social en realidad se puede planificar o programar, extrapolar esto al contexto actual de internet es más sencillo ahora. Por supuesto, debe estar disponible / dispuesto a añadir o mover contenido para reaccionar a preguntas o temas que estén haciendo o proponiendo sus contactos o los seguidores de su Página de empresa. SIEMPRE tenga un buen *post* listo para salir. Los calendarios permiten además llevar un registro que le facilite el proceso de evaluación o impacto considerando lo que se ha hecho en el pasado. Aunque repetir contenido no es un pecado, si su plan o estrategia no incluye repetir contenido, los calendarios definitivamente son una herramienta de control muy fácil y útil.

OPTIMIZAR TANTO LINKEDIN COMO MOTORES DE BÚSQUEDA

Probablemente usted está familiarizado con la optimización de motores de búsqueda (SEO) tácticas para mejorar su sitio web de en el *ranking* de búsqueda en Google y otros motores de búsqueda importantes. Pero ¿ha pensado en cómo incorporar medios sociales en su estrategia de búsqueda?. **Linkedin** puede ser un activo valioso para los resultados de búsqueda. El volumen de contenido y la cantidad de lugares para agregar contenido rico en palabras clave puede ayudar a atraer nuevos seguidores a su Página de empresa en **Linkedin** mientras que proporciona resultados orgánicos a la búsqueda (8,6). **Linkedin** indexada en y vía motores de búsqueda como Google pero también indexa en el motor de búsqueda interno de su

234

propia plataforma. Actué proactivamente con mecánicas o métodos «SEO» ESTRELLA para asegurarse de que las personas que buscan su nombre, o el de su empresa, marca, producto o servicio, realmente puedan encontrarlo. Ser perfeccionista al extremo para evitar cometer fallas ortográficas es de hecho deseado en el contexto de **Linkedin**, las redes sociales en general y en el proceso de indexación por palabras claves en motores de búsqueda; exceptuando las tildes, entender la relevancia de esto es bastante obvio. En un ámbito más general de búsqueda-natural, una Página, de empresa, Página vitrina, grupo, subgrupo o perfil profesional vinculado a una marca o compañía, puede ayudar muchísimo a ponerse delante de la competencia. Las «Páginas Vitrina» («*Showcase Pages*») son una especie de réplica especializada de su Página original lo cual duplica, triplica, cuadruplica o quintuplica sus posibilidades de obtener un alto posicionamiento si es juicioso en la publicación de contenido. Lo anterior también puede ser útil cuando usted está haciendo GESTIÓN DE LA REPUTACIÓN. Una página de empresa de **Linkedin** e incluso, como dijimos antes, su propio perfil profesional optimizado, le da opciones de añadir un poco más de *picante + pólvora* con palabras clave que no funcionan igual de efectivamente en su sitio web o blog.

ESPACIOS IDEALES PARA PONER PALABRAS CLAVES EN LINKEDIN

Son las mismas reglas se aplican para la optimización SEO de **Linkedin** como para los buscadores tradicionales como Google. Las Palabras clave siempre deben estar en los campos de texto plano.

*Nombre de la Página de Empresa

El titulo o nombre de su Página de empresa en **Linkedin** es una de las primeras cosas que los usuarios y los motores de búsqueda ven. Cree un título con palabra clave «densa», pero además asegúrese de que está claro lo que su empresa es y lo que hace. El nombre de su empresa, nombre de marca o nombre de producto en el caso de un «*Showcase Page*» suelen ser el título más efectivo.

*El Cajón de Información

Linkedin es bastante escueto y eso es bueno de cierta forma, sin embargo, da un espacio de 2000 caracteres para poner en el Cajón/Cuadro de «Descripción de la Empresa». Esa es literalmente en cuento SEO, una mina de oro subutilizado tanto para el tráfico como para posicionamiento. Es una de las primeras cosas que un seguidor de la actual página de empresa ve cuando entra. Las palabras clave que se utiliza en el cuadro de «Descripción de la Empresa» recorren un largo camino y tienen mucha vida en las búsquedas orgánicas. No siendo suficiente, tiene un lugar prominente, el cuadro de «Descripción de la Empresa» es un gran lugar para optimizar un poco la información acerca de su página de empresa, porque generalmente está en el lugar más alto en el código de la página, lo cual, permite además personalizar los textos. INCLUYA URLs de sitios complementarios a su empresa o marca (*sites* / *blogs*).

PALABRAS CLAVE EN «TABS» DE LINKEDIN

La estructura de pestañas de **Linkedin** en las Páginas de Empresa usual y recientemente se limita a «*Careers*» (por lo cual hay que pagar) (las pestañas de Producto/Servicio fueron retiradas). Cuando las pestañas eran creadas o cuando son activadas posterior a un pago, **Linkedin** creaba/crea jerarquías útiles de información y la posibilidad de añadir un montón de contenido rico en palabras clave. Desafortunadamente, **Linkedin** por un lado ya no soporta «*Tabs*» de Producto/Servicio (reemplazadas por «*Showcase Pages*» que a su vez son dependientes de las Páginas de Empresa), y, por otro lado, el *Tab* de «Trabajos» es una función por la que hay que pagarle adicionalmente a **Linkedin**; afortunadamente respecto a esto último, la sección de carreras todavía no tiene un una utilidad directa aparente con el mercadeo tradicional (excepto por el tema de *Employer Branding / Personal Branding*). Para una persona corriente no es posible crear y por consiguiente personalizar fichas/pestañas sin la autorización directa técnica de **Linkedin**.

PESTAÑA DE ATERRIZAJE POR DEFECTO (FICHA DE INFORMACION o «HOME»)

La pestaña por defecto de las Páginas de Empresa en **Linkedin** es el HOME. Esta función relativamente útil, se ve en todas las redes sociales por defecto. Es la primera pestaña que se ve y su principal objetivo es animar a los usuarios que sienten afinidad con una marca o una empresa a hacer *click* en el BOTON FOLLOW. Es también la primera página de «arrastrado» o «tragada» por los motores de búsqueda. **Linkedin** no permite elegir una ficha de destino específica para nuevos espectadores o seguidores de la página de empresa. Asegúrese de usar/aprovechar al máximo lo que **Linkedin** le permite hacer con sus pestañas predeterminadas y su va a pagar por estas con mayor razón. La Ficha / Pestaña de Información estándar tiene campos que contienen datos descriptivos importantes sobre su Página. Es importante llenar SIEMPRE todos los campos, dedíquele el tiempo que se requiera, ya que proporcionan una oportunidad para incluir palabras clave y enlaces tanto para las búsquedas locales y consultas generales de productos o servicios. Los campos específicos no varían entre Página y Página (en Facebook esto es más robusto) y tampoco según la categoría de la página (aunque hay campos con TABULACION que también crean indexación, así que elija todas las opciones convenientes que mejor se ajusten a sus necesidades.

...OTROS CONTENIDOS EN LINKEDIN

No hace falta decirlo de nuevo, pero es importante compartir continuamente contenido interesante en su Página de Empresa en **Linkedin** y siempre utilizar todos los campos descriptivos disponibles en cada tipo de contenido compartido; este consejo se extiende a las fichas de información estáticas y a las cambiantes y versátiles actualizaciones de estado o archivos vinculados a repositorios especializados por formato como *Youtube*, *Slideshare*, *Flickr*, *Soundcloud* o transversales como *Pinterest*. **Linkedin** prácticamente permite que cada pieza de contenido sea *indexable* e indexada por motores de búsqueda, lo que fomenta el uso de herramientas y campos de entrada de datos, información o conocimiento que **Linkedin** ofrece para ser aprovechado.

Medios Enriquecidos y Palabras Claves

Publicar imágenes (uno de los formatos de Medio enriquecido de **Linkedin**) e incluir descripciones con palabras clave. Cada entrada debe tener su propio imagen y su texto para ser efectivo y facilitar búsquedas. Permita y promueva que los seguidores de su Página de empresa puedan publicar sus propias cosas (*parametrice* y controle cuando sea necesario), incentive el uso de etiquetas en lo que comparta y úselas también usted en representación de su empresa o su marca.

Actualizaciones de Estado

Hay debates mundiales acerca de la medida en que el contenido de las actualizaciones de estado en una red social (incluida **Linkedin**) funciona con los motores de búsqueda, pero está claro que son un factor importante en las búsquedas de **Linkedin**. Tómese el tiempo para planear contenidos e incluir palabras clave y textos enriquecidos; esta es la mayor parte de lo que los seguidores de su Página de empresa verán a diario. También puede agregar discusiones a manera de foros en grupos o en la misma Página de empresa o «Páginas Vitrina» (cuando sea pertinente), mantenga cada vez el contenido actualizado con mayor frecuencia cuando sus recursos tácticos o estrategia se lo permitan.

AUMENTO DE LAS INTERACCIONES EN LINKEDIN

La interacción del usuario es un factor crucial todavía difícil de alcanzar en la optimización de su página de empresa en **Linkedin** y la mejora de la búsqueda de presencia web. **Linkedin** considera que la interacción con la página (*likes, comments, shares* y mensajes entre otros) al igual que las búsquedas y los enlaces deben también apuntar a un sitio externo. La interacción con el usuario es como un voto por el contenido de su página de empresa y ayuda con un Alto Ranking en **Linkedin**; en última instancia, ayuda a tener altos rankings en motores de búsqueda también. **Linkedin** se enfoca como otras redes sociales en el comportamiento de los usuarios y la interacción se extiende a las visitas o clics y membresías a grupos. El algoritmo tiene un funcionamiento preciso y exacto que el sitio utiliza para calcular la interacción (esto no es muy claro de cara a los usuarios), cuanto mayor sea la participación en su página de empresa, más alto se ubicará su empresa en las búsquedas de **Linkedin** ganando prominencia en el posicionamiento o colocación en una búsqueda sugerida.

Linkedin también tiene campos de búsqueda predictiva (ver: Cajón de Búsqueda Avanzada de **Linkedin**), esto opera de una forma similar comparativamente con la primera Página de resultados de Google. Muchos usuarios no utilizan las búsquedas avanzadas de **Linkedin** pero cuando lo hacen, el algoritmo «predice» lo que se está buscando al empezar a escribir. **Linkedin** entonces desplegara un menú en cascada que mostrara categorías de resultados, sugerirá PERSONAS, EMPRESAS, GRUPOS, UNIVERSIDADES y OTROS (*Posts*, *Inbox*); también, hará sugerencias basadas en su pasado de navegación o búsquedas antiguas. Sin proporcionar un incentivo adicional, usted y su empresa verán que la interacción se incrementa al terminar de hacer una publicación con una simple y corta pregunta de cierre (Ex.: ¿Qué opina?). Los resultados sorprenden.

CAPITULO 09

PROMOCION CRUZADA
DE CONTENIDO
EN LINKEDIN

Linked**in** ◼

PROMOCIÓN CRUZADA DE CONTENIDO EN LINKEDIN

Dado el estatus de importancia y poder de **Linkedin** como Empresa y como Red Social en términos de influencia y tamaño es normal suponer que tanta gente se haya volcado, se esté volcando o se vaya a volcar a publicar contenidos para compartirlo con prospectos de clientes, socios, aliados o proveedores. **Linkedin** en sí mismo y por sí solo, representa y mueve la audiencia en el ámbito de los negocios más grande del mundo. Incluso creando contenido fuera de **Linkedin**, los mismos sitios web o blogs deben ser usados como HUBS para fomentar el intercambio de contenido multidireccionalmente (PROMOCION CRUZADA) («*Cross-Promotion*»). En resumen, por ejemplo, dirigir el tráfico de su Página web a **Linkedin** y tráfico de **Linkedin**. Pero esto aplica para todas las plataformas o canales similares o complementarios. Hacer eso es una parte fundamental de cualquier plan de mercadeo en **Linkedin**. En este capítulo se muestra cómo pueden promoverse espacios webs como sus blogs profesionales o empresariales de manera que la información en y con **Linkedin** sea siempre compartida en todos los sentidos de la palabra.

«PALABRAS» MENOS COMPARTIDAS

Si está acostumbrado a escribir para *Blogs* o para *Twitter*, recuerde que usted está tratando con un público mucho más específico en **Linkedin**. Los temas que podrían atraer a alguien en Facebook podrían espantar a muchos en **Linkedin**. En

Linkedin, cualquier cosas que pueda no ser tomada en serio (bromas, chistes, memes de mal gusto) puede ser una puñalada certera para su marca; no quiere decir que la gente en **Linkedin** no tenga sentido del humor, más bien son personas que esperan mucho estilo cuando se usa el humor para comunicar o para vender. Evite ser inútilmente repetitivo o irrelevante, en **Linkedin** no hay un espacio lógico para hablar de lo divertido que fue probar el último video juego de futbol con sus amigos y como se emborracharon en el proceso. La moda si bien se acepta como negocio, hablar de lo que una mujer uso en la fiesta de la noche anterior y publicarlo fuera del contexto o marco de una campaña es un error. Por supuesto, si hay algo genuinamente periodístico (y aplicable a las masas sensibles a su marca o producto) puede suceder en estos espacios de **Linkedin**, no dude en escribir al respecto, pero, no todos los días. Mientras que la gente podría estar interesada en leer reseñas de productos que están pensando en comprar, compartir esto en Facebook puede verse como gente forzada a decir lo que están escribiendo; pero, si comparten espontáneamente con contactos cercanos en **Linkedin** y las reseñas tienen sentido comercial, **Linkedin** puede ser un gran canal para hacerlo. En general, a nadie le gusta tampoco generar comparaciones controvertidas entre dos empresas, puede hacerse pero hay que ser muy sensitivo.

META ETIQUETAS / META MENCIONES EN LINKEDIN

«Meta Mencionar» o la práctica de usar palabras claves como etiquetas de contenido enlazadas para hacer mención a algo específico (Ex.: una marca, una empresa, un producto, un *influenciador*) con presencia web en una red social, es una de las acciones más extendidas y, solo en pocos casos, bien usadas en los medios sociales. **Linkedin** ofrece un escenario digital perfecto para «Meta Menciones» con propósitos de mercado - *tecnia* al cual le falta aún mucho por explotar y explotar BIEN. Compartir en **Linkedin** contenido de una Empresa con el «*Metatag*» del Nombre de la Empresa (que lleva a través de un enlace a la página de empresa en **Linkedin**) es algo realmente sencillo que genera tráfico y posicionamiento desde y hacia otros entornos o ecosistemas digitales compatibles con **Linkedin**. /Evite sistemáticamente escribir sobre sí mismo o sobre su propia empresa desde la plataforma de la misma en medios sociales (a no ser que se trate de un campo/cajón específico que se lo recomiende, solicite o requiera).

PALABRAS COMUNES COMPARTIDAS EN LINKEDIN

Como es el caso de casi todos los demás sitios en la Web, los usuarios no están interesados en escuchar acerca de usted mismo en **Linkedin**; pero si están abiertos a oír sobre su marca, su empresa o sus productos (si estos suplen una necesidad emocional o funcional). Al escribir en, para o a través de **Linkedin**, «dígale» al lector cómo el artículo que está publicando puede ayudarlo o ayudar a su empresa a lograr algo. Palabras como «USTED» / «SU» o Frases como «10 MANERAS EN LAS QUE SU EMPRESA PUEDE...» o «5 CONSEJOS VALIOSOS PARA QUE USTED...» enganchan en varias redes sociales y funcionan muy bien en **Linkedin**. En el lado opuesto igualmente hay palabras sobre-utilizadas en perfiles que a la larga están generando o pueden generar efectos negativos (http://blog.linkedin.com/2013/12/11/buzzwords-2013/), también tenga eso en cuenta. Cite personas cuando pueda o cuando sea competente, especialmente gente que considere pueda conectar o conectarse con su marca o empresa y que sirvan como canal para ganar interés o construir reputación por referencia. Profundizar en temas es algo que la gente que habita o ronda **Linkedin** también suele apreciar. Las palabras combinadas del tipo «COMO HACER...» y «PORQUE...» generan mejores promedios de *lecturabilidad* de publicaciones internas o externas (Ex.: Entradas en **Linkedin** o Artículos en Blogs). Esto aplica tanto para los Títulos como para los cuerpos de texto. **Linkedin** permite ser generoso con los textos de las entradas para las actualizaciones de estado (no sea tacaño con esto, **Linkedin** no es *Twitter*) además en algunos casos se pueden aplicar ciertos formatos. Los «mensajes» cortos tal vez son más fáciles de compartir pero cuando son *posteos* largos el aporte es mucho más significativo; adjunte enlaces a sus entradas y experimente creando publicaciones como un profesional con la opción de **Linkedin** para «*Publishers*» «CREATE A POST» justo en el cajón de la actualización de estado (haciendo *click* en el icono del «Lápiz»).

CIFRAS, NUMEROS, DIGITOS

(EN LO POSIBLE...) UTILICE VERSIÓNES CON DÍGITOS DE NÚMEROS ESCRITOS

Hay un sinnúmero de razones pero entre otras cosas, los dígitos funcionan bien en casi todos los contextos «online». En la teoría y en la práctica, el «*Storytelling*» cuando incluye números en sus títulos tiende a ser más compartido que las historias que no los tienen (9,4). Como regla extendida de forma tácita/implícita, los usuarios de las redes sociales y en particular los de **Linkedin**, no están muy interesados en la lectura de generalidades, quieren detalles, y no hay nada tan específico como un número. Las «historias financieras» deben incluir cantidades de dinero. ¿NO?. Si en cualquier momento usted encuentra una manera de incluir dígitos relevantes, hágalo. Hay hallazgos de datos incontrovertibles en los que uno puede darse cuenta que en las historias donde los números son protagonistas, en general tendían a compartir solo un poco menos que otras. Esta métrica incluye todos los números, sean dígitos o no. Tampoco el público quiere leer muchas historias con datos pesados e intensivos, pero cuando deciden leer este tipo de historias, es porque buscan/quieren especificidad fácil de leer y eso lo aportan los dígitos. Esa será la diferencia entre ser compartido y *viralizado* o pasar desapercibido o al olvido.

Dan Zarella y *Allison Zarella* [*] pudieron investigar el contenido cognitivo de los enlaces compartidos en una gigantesca red social –Facebook–; usaron RID & LIWC, algoritmos desarrollados por investigadores académicos. Descubrieron que el tipo más común de contenido es realmente obvio cuando recordamos que esa red social – Facebook– empezó entre universitarios. Las Páginas web sobre sexo fue hasta la llegada de las redes sociales los repositorios de contenido estadística - mente / probabilística - mente más visitados. A los usuarios de Facebook -como una Red Social líder- entonces, les gustaba compartir Historias sobre Sexo; si alguien estaba aburrido o se sentía valiente, publicaba algo escandaloso y si era realmente valiente le agregaba el ingrediente sexual. Pero, internet, las redes sociales y Facebook han cambiado, se puede decir incluso que han evolucionado. Para la mayoría de la gente de mercadeo, sin embargo, publicar contenido sexual o escandaloso o sexualmente escandaloso, no es un consejo práctico, de hecho es un consejo terrible que rayaría en lo absurdo. Aunque siempre podrán darse excepciones. No es que haya una política de veto sin criterio sobre publicaciones relativas a «**Lo Sexual**» **en Linkedin**, lo sexual en apropiado contexto no es criticable y en casos muy puntuales es, lo que habría que hacer (ver: Página de Empresa en **LI** de Playboy). Pero, por regla general ampliamente aceptada, el contenido sexual no encaja en ámbitos o entornos de negocios y menos si es explícito. Esto último, aplica tanto para las imágenes como para las palabras o porciones lingüísticas. Hay otros contenidos lingüísticos como el sexo que no se usan por vergüenza o simplemente porque se sabe por sentido común que no se deben usar debido al efecto negativo que podría generar a corto y largo plazo. Recordemos que lo que llega a Internet ya no desaparece y en muchos casos, aun después de borrado es bastante fácil de buscar y encontrar. En resumen, tal vez el sexo venda bien en la publicidad tradicional o «moderna» y no puede faltar en el plan de comunicación o el plan de mercadeo de algunas empresas, pero para muchos efectos, «SEXO» (como palabra o como contenido lingüístico relacionado) y «LINKEDIN» no van de la mano, ni en los perfiles profesionales (Marca Personal), ni en las Páginas de Empresa (Marca Corporativa / Marca Empleador) ni en las actualizaciones de estado en esos espacios. Como el tema del sexo hay otros «vetados» tácitamente / intrínsecamente que muchos conocemos por experiencia o suponemos por deducción.

LINKEDIN COMO «REPOSITORIO» DE CONTENIDO LINGÜÍSTICO

...el poder del positivismo ☺

Según los *Zarella*, al parecer, al principio, puede sorprender a algunos que a las historias positivas les vaya mejor que a las negativas, pero si uno lo piensa un poco más, un poco mejor, tiene sentido; si, en efecto, nunca faltan las noticias negativas en los medios de comunicación. Extrapolando <u>positivamente</u>, la mayoría de la gente no entra a **Linkedin** para que le digan que el mundo laboral y el mundo de los negocios está colapsado; en realidad, entran a **Linkedin** para ubicar trabajo o conseguir prospectos en resumen, ver/leer, BUSCAR, ENCONTRAR OPORTUNIDADES y saber que todo va a estar bien o mejor. En **Linkedin**, trate siempre o en la medida de lo posible de escribir historias positivas y cuando se quiera cubrir algo negativo, trate de añadir giros esperanzadores... OPTIMISTAS ☺

Considere espacios para enseñar sobre algo

Igualmente, se dice que según un estudio sobre social media [*], otros dos tipos de contenidos que tienden a funcionar bien son los que llevan información constructiva y <u>educativa</u>. Estos, son artículos que enseñan a los lectores algo, ya sea sobre el mundo en general o el mundo de los negocios en particular (caso de **Linkedin**) y al final, se trata siempre de como realmente conseguir/lograr algo.

FORMATOS DE CONTENIDO Y PALABRAS RELATIVAS A ESTOS

Antes de la llegada de las redes sociales a la gente ya le gustaba ver VIDEOS, PRESENTACIONES, FOTOS o escuchar RADIO (*PODCASTS*), De acuerdo con *Dan Zarella* en su libro «*The Social Media Marketing Book*», artículos o publicaciones con el título, encabezado, primer párrafo o contenido con palabras asociadas a formatos de contenido («VIDEO», «PRESENTACION», «FOTO», «PODCAST» etc) tienen una tasa de «SHARING» mucho más alta que las piezas de contenido que no hacen mención específica a esto. Quizás lo anterior está vinculado al hecho de que **Linkedin** (al igual que o similar a Facebook) arrastra/traga de donde se permite, contenidos de VIDEO, AUDIO, IMÁGENES, DIAPOSITIVAS de su fuente original y los pone directamente en los canales donde los usuarios tienen los perfiles. Usted o su empresa pueden tomar ventaja de esto ya sea por la producción de sus propio contenidos en formatos populares (subiéndolos a *Youtube, Slideshare, Flickr, Soundcloud* y exportándolos o «incrustándolos» (*embedding*) directamente en un artículo o como parte de una entrada en la actualización de estado de **Linkedin**.

EFECTO DE LAS PARTES DE UN DISCURSO O UNA ORACIÓN

Los usuarios de **Linkedin** que hacen búsquedas en Google o en el mismo **Linkedin** son bombardeados con muchos más artículos de los que usualmente podrían alcanzar a leer, tanto por cantidad como por extensión, además, la mayoría de las historias propias o de terceros están cargadas de superlativos artificiales y reclamaciones rimbombantes. No sólo estamos sobrecargados de información, sino que estamos volviéndonos insensible a cosas o sucesos realmente impactantes. Adjetivo y el Adverbios son herramientas nobles convertidas en armas sucias y lo que estas armas «disparan» se ve todo el tiempo en campañas de email marketing invasivas desde el texto del «Asunto:...» y en Blogs pobres, tontos, de mal gusto, manipuladores, mentirosos o poco originales. No hace falta ser un usuario activo o un genio de las redes sociales para darse cuenta que las piezas del discurso usado en artículos compartidos en **Linkedin**, muchas veces se abusa, y, se encontró que la modificación de titulares no presagia el buen desempeño de un artículo.

...LA *SOFISTICACIÓN* ES INVERSAMENTE PROPORCIONAL AL «*SHARING RATE*» EN LINKEDIN

Absténgase de usar un lenguaje demasiado «florido». La información que usted está presentando debe ser lo suficientemente sólida como para brillar por si sola a través de un título simple y directo. Por supuesto, hay excepciones: algunos nichos *online*, sobre todo aquellos relativos al diseño (por ejemplo), este ha tenido éxito utilizando adjetivos rimbombantes, pero en su caso, se recomienda usarlos discretamente y esporádicamente. Los niveles / grados / puntuaciones / calificaciones de «*lecturabilidad*» indican de cierta manera, la calidad que necesita un lector para comprender plenamente un fragmento de texto. Como es relativamente fácil de deducir, el nivel de complejidad y la educación requerida para leer una historia en las redes sociales y especialmente en **Linkedin**, ha aumentado, y las veces que esa misma historia es compartida ha disminuido. La consigna es hacer sus titulares y artículos sencillos, directos y fáciles de leer, no crea que porque **Linkedin** es un nicho de profesionales, todos son sofisticados literatos, investigadores versados o intelectuales de negocios.

SOCIAL PLUGINS DE LINKEDIN

Linkedin ofrece características un poco más complejas pero igualmente efectivas para acciones de mercadeo, PLUGINS

SOCIALES, que se pueden agregar a su sitio para integrar su contenido con **Linkedin** (9,9). Los más comunes y a veces los más útiles son el botón COMPARTIR y el botón SEGUIR.

BOTÓN *SHARE* DE LINKEDIN (I)

El botón de COMPARTIR esta entre las características más antiguas de **Linkedin** y en algunos casos es la más común. Se trata de un fragmento de código que se deja copiar desde **Linkedin** y luego pegar en su sitio para crear un botón que muestra el número de veces que algo específico (que uno ha indicado) de la Página ha sido compartido en **Linkedin**. Esto también le permite a los visitantes compartirlo ellos mismos con un solo *click*. Este como muchos otros botones puede mostrarse o aparecer como un enlace, pero no se recomienda el uso de esta versión porque el nivel de enganche con el usuario es muy bajo. **Linkedin** da además la opción de incluir el número de acciones en el botón o no. Incluir el conteo es quizás la mejor opción, ya que no sólo atrae más atención al botón, sino que también añade una forma de prueba social a su contenido, mostrando cuánta a gente le gusta su trabajo.

BOTÓN *SHARE* DE LINKEDIN (II)

El PLUGIN COMPARTIR crea capacidad para que su compañía aproveche el público profesional de **Linkedin** para direccionar tráfico a su sitio web.

¿Por qué utilizar el PLUGIN COMPARTIR de **Linkedin**?.

Los profesionales tienden a ser lectores altamente comprometidos a quienes les gusta compartir artículos significativos en/con sus redes; haga que sea perfecta y fácil para ellos con el botón **inShare**. Cuando la gente comparte su contenido se añadirá al ecosistema de **Linkedin**. Los artículos de este ecosistema se muestran a usuarios específicos que están interesados en este tipo de contenidos, esto conduce más tráfico a su sitio web desde una audiencia comprometida convirtiéndola en una audiencia influyente (ver: Caso de *Business Insider*). Anímese a incluir el BOTON / PLUGIN

COMPARTIR de **Linkedin** en cualquier espacio web (que permita modificar su código interno) para que sus visitantes compartan más fácil y rápido su empresa-marca o lo que estas hacen, con su red profesional.

Este simple código crea un *plugin* para compartir la página actual:

```
1 <script
src="http://platform.linkedin.com/in.js"
   type="text/javascript"></script>
   2 <script type="IN/Share" data-
   counter="top"></script>
```

PERSONALIZACIÓN DEL BOTÓN *SHARE*

Cuando se agrega el código del BOTÓN COMPARTIR, **Linkedin** le presenta opciones para personalizarlo. Algunas opciones simplemente determinan tamaño u orientación del botón.

Seleccionar si se muestra o no el conteo en el botón solo cambiara la forma en que se vería el botón, si más alto o más largo o simplemente más grande. La opción del conteo arriba que hace el botón más grande es mejor para Páginas Web tradicionales con un solo tipo de contenido, la opción del conteo que muestra el botón más largo horizontalmente es mejor para Blogs. Si va a implementar en el BOTÓN COMPARTIR en un sistema de gestión de contenidos (como un Blog), probablemente querrá pasar ciertos valores al botón de forma dinámica; esto se hace mediante la introducción de valores en el código que se pega en su sitio.

EL BOTÓN *FOLLOW* DE LINKEDIN (I)

Haga que sea fácil para clientes potenciales o socios de negocios participar de su empresa. Añadir una extensión de *Follow Company* a su sitio web le permite rápida y fácilmente crecer su comunidad de en torno a la Página de Empresa **Linkedin** para que pueda interactuar con su público objetivo, desarrollar relaciones y obtener contactos. Cuando un usuario hace *click* en el botón FOLLOW COMPANY comenzará después de forma automática a seguirla. Las actualizaciones de estado que publique en su página de la empresa ahora se mostrarán en los espacios web de cada seguidor. Anime a los seguidores dar LIKES, SHARES, COMMENTS a sus entradas, esto ayuda a difundir la lo que usted a través de su empresa o su empresa están diciendo a toda la red de seguidores.

EL BOTÓN *FOLLOW* DE LINKEDIN (II)

Botón de *Follow* de **Linkedin** (Seguir) es similar en aplicación al botón *Share* de **Linkedin** (Compartir), pero añade otro tipo de funcionalidad. El botón se agrega copiando el código dado por **Linkedin** y pegándolo en donde se decida pegar el código. Una vez que el botón se encuentra en su página, muestra a cuánta gente le ha gustado su contenido, al tiempo que permite a los visitantes dar seguir con un solo *click*. El botón «*Follow*» toma el aspecto de la <u>prueba social</u> del botón «*Share*» a niveles

265

relativamente nuevos, como mostrar quien de los contactos de quien está haciendo «*Follow*», ha hecho lo mismo que ellos.

PERSONALIZACIÓN DEL BOTÓN *FOLLOW*

Al configurar su botón Seguir, **Linkedin** ofrece versiones como el del estándar de conteo y el botón normal. La Versión del botón con conteo se asemeja en general en tamaño y diseño y se puede utilizar para reemplazarlo. La versión estándar es la versión más común y reconocible. En ciertas circunstancias, por ejemplo, con un producto específico, es posible que desee experimentar con mostrar el botón de «*Follow*» como una forma de recomendar dicho producto.

Traiga los perfiles de empresa en **Linkedin** a su sitio para desplegar información clave de la empresa en un solo vistazo. Por último, **Linkedin** pide que proporcione características un poco más específicas como por ejemplo colores (aunque no es común, práctico o recomendable, dada la naturaleza formal de

Linkedin). Al igual que con el botón *Share*, si así lo quiere, puede pasar ciertos valores al botón *Follow* de forma dinámica. Para valores así, simplemente ingréselos en el código que se pega en su sitio.

¿Seguir o Compartir?

El botón FOLLOW incluye muchos de los beneficios del botón SHARE que permite a sus visitantes publicar su contenido desde y hacia **Linkedin** con un solo *click*, y se muestra a los lectores cómo a muchas personas también han seguido o compartido contenido. Hay soluciones de compromiso / enganche entre los dos botones. Mientras que el botón SEGUIR tiene la gran ventaja de mostrar a los visitantes exactamente cuáles de sus amigos han hecho lo mismo con su contenido, usualmente parece menos «importante» que el botón COMPARTIR, y, por lo tanto, puede atraer menos atención.

CAPITULO 10

PERFILES PROFESIONALES EN LINKEDIN

PERFILES PROFESIONALES EN LINKEDIN

Son tantas las personas y marcas personales habitando en **Linkedin**, que, es fundamental que un perfil profesional en **Linkedin** sea «*customizado*». Parece obvio ya que quizás lo mejor que debe hacerse es destacar, impulsar su red, compartir los que es valioso - útil en la medida de lo posible. Todo empieza con 5 ELEMENTOS CLAVES: 1. NOMBRE y FOTO / 2. EXTRACTO y ENCABEZADO / 3. INFO DE CONTACTO + URL PERSONALIZADA / 4. ÚLTIMO TRABAJO (o ÚLTIMOS ESTUDIOS) / 5. RECOMENDACIONES & HABILIDADES; estos garantizaran al inicio, una efectividad mínima que puede maximizar resultados cuando se trata de posicionamiento, prospección y relación. Adicionalmente, **Linkedin** motiva a que se haga así, es mucho lo que se puede hacer de manera paralela, complementaria y suplementaria. Muchas otras personas, no están aprovechando al máximo las herramientas gratuitas y las funciones disponibles para ellos, por lo que un pequeño esfuerzo adicional recorrería más rápidamente el camino más largo. Debido a que **Linkedin** es innovador y está en cambio constante, también las herramientas y métodos de administración cambian, este capítulo explora y muestra estrategias y tácticas para hacer que el perfil profesional tenga presencia e empuje el posicionamiento convirtiéndose en un visita obligada, en un visita deseada o recomendada.

FOTO

La «Foto Estándar» de los perfiles profesionales en **Linkedin** es de los primeros elementos que la gente de nuestra comunidad natural u orgánica ve cada vez que entran a su perfil. Es, una imagen que ven cada vez que vienen a su perfil. Las imágenes miniaturizadas son la representación visual de su perfil profesional en distintos espacios (como el *News Feed*) donde sus contactos y marcas y empresas «interactúan» con usted.. Las fotos deben ser llamativas y a pesar de lo que mucha gente piensa de **Linkedin**, pueden ser espontaneas pero no tanto como verse ridículo o donde la persona se vea tan lejos que sea igual que no tener una foto. La foto es un elemento de identificación pero también es un generador de confianza.

ACTIVOS DE DISEÑO Y DE MEDIOS
/DISEÑANDO ACTIVOS Y MEDIOS

Hay miles de herramientas de diseño que facilitan el desarrollo de piezas viduales para complementar los perfiles . Al momento de escribir este libro, **CANVA.com** quizás era uno de estos y de los más populares.

CONTENIDO DE MARCA PERSONAL EN LINKEDIN

La adición y actualización de contenido tanto en plataformas externas pero conectadas a **Linkedin** (*Slideshare*) como en las actualizaciones de estado están entre las maneras más fáciles de optimizar y personalizar su perfil profesional y apalancarse desde ahí para destacar. Piense en la «VOZ» y el «TONO». Usted es su negocio.

PATRONES DE MARCA PERSONAL

Idealmente se deben publicar nuevos contenidos cada día. Las actualizaciones de estado son una forma fácil de dar un toque personal a los perfiles profesionales con su propia marca. Sus contactos y seguidores pueden verlos en sus fuentes de noticias. Los blogs por otro lado, son otra manera simple y completa, simple y rápida de hacer *Content Marketing* de *Marca Personal*. Establezca patrones y temas para cada calendario editorial.

CAPITULO 10A

ADMINISTRACIÓN DE LOS PERFILES PROFESIONALES EN LINKEDIN

ADMINISTRACIÓN DE LOS PERFILES PROFESIONALES EN LINKEDIN

La gestión de su perfil profesional segura un dedo en el pulso de sus contactos, ayuda a atraer y mantener interesados a los miembros de su comunidad natural/orgánica, y puede facilitar movidas de marca personal más allá de **Linkedin**. Ofrece mucha libertad, su perfil profesional debe ser monitoreado. Es importante estar revisando su «muro» especialmente cuando hay algún tipo de retroalimentación en **Linkedin**. Guste o no, lo que la gente publica en el muro de su cuenta es reflejo su marca. Si solo pone cosas aburridas, inútiles o descontextualizadas, su marca se verá afectada. Hay que participar e involucrarse con la gente que lo sigue en **Linkedin**.

Este capítulo muestra y enseña a mantener su perfil profesional en **Linkedin** con CONTENIDO FRESCO y cómo mantener «**interesada**» a su red.

EXCLUSIVO, SOLO PARA SEGUIDORES ☺

Una de las mejores maneras de ganar seguidores y/o contactos para una cuenta activa de **Linkedin** es ofreciendo <u>algo más</u>, específicamente, algo que no pueden obtener en ningún otro lugar. Al proporcionar lo exclusivo, da razones tangibles a las personas para que pasen tiempo viendo su perfil profesional en **Linkedin** por eso es clave saber **administrarlo**.

ACTUALIZACIONES FRECUENTES EN LINKEDIN

Igual que las Páginas de Empresa, especialmente en los perfiles profesionales o a través de estos, es importante publicar actualizaciones de estado frecuentes o hacer Publicaciones en el «Muro» con nueva información, hay que, como hemos dicho varias veces, enfocarse en el contenido, pues, en las redes sociales, el contenido es mercadeo y el mercadeo es dinero. Muchas marcas personales, usan esta táctica para estar en la vanguardia y competir con sus pares (10A,2). Planéese para poner mínimo una actualización por día y considere días con contenido más frecuente.

REDISEÑAR OPORTUNAMENTE

Si ya está haciendo actualizaciones de estado al menos, una vez al día y mantiene un flujo constante de contenido que va y viene (tanto en el «*Wall*» como en el «*Feed*»), Pero ¿qué pasa con el resto de su perfil profesional? Debe REVISAR y ACTUALIZAR su perfil profesional en **Linkedin** mínimo de 2 a 4 veces al año. Piense en transiciones suaves de información o diseño como recordatorios de actualización del perfil, cada vez que pase algo importante úselo. Las actualizaciones de estado, rediseños o compartir cosas nuevas o novedosas el perfil o a través de este, proporcionan una dosis diaria de nuevos contenidos, pero estos son sólo pequeños fragmentos de lo que su perfil profesional ofrece o tiene para ofrecer. Renovar el aspecto y los mensajes o la información, asegura incluso el largo plazo, y, mantiene también en el largo plazo la lealtad de su propia comunidad, su red o sus seguidores o las formas de persuasión para los visitantes, quienes, a un solo *click* de distancia, empiezan a ser parte de la vida de su marca personal.

RASTREO Y MONITOREO

Su perfil profesional en **Linkedin** tiene un objetivo principal, atraer e involucrar seguidores de su marca personal y también construir una comunidad en torno a su marca personal donde el canal es el perfil profesional. Muchos servicios ofrecen monitoreo automatizado de redes sociales, pero, nada como la intervención humana para el monitoreo. Eso significa «ojos» puestos en su perfil profesional. No hay que estar vigilando todos los días, pero compruebe que las cosas están bien y bajo control. Si usted está «posteando» con frecuencia, tenga la disciplina de estar mirando lo que está pasando. No pierda tiempo respondiendo a comentarios improductivos pero siempre trate de responderle a todo el que le escriba. Haga notar su presencia, pero sin arrogancia.

RETROALIMENTACIÓN Y MODERACIÓN

Su perfil profesional debe ser supervisado, pero, eso es sólo la mitad de lo que debe hacer. También debe moderar su perfil profesional en **Linkedin** y actuar con criterio sobre qué tipo de cosas deben ser editadas o borradas. Cómo determinar lo que se queda y lo que se va depende exclusivamente de usted. A algunas personas les gusta usar los medios sociales sólo para quejarse, no lo haga usted y evite o mantenga bajo control las actualizaciones de estado de quienes lo hacen en su red o comunidad. Si le piden algo, responda así sea diciendo NO. Tenga cuidado con los SPAMs. Si quiere mantener su «Muro» de **Linkedin** abierto a comentarios relacionados con su marca personal debe estar atento sobre lo que hacen las personas que interactúan con usted. Tener éxito en todo esto, puede ser la diferencia entre una buena experiencia de usuario en el canal de **Linkedin** con su perfil profesional o una mala experiencia si la identidad, comunidad o contenido se ven afectados, confusos o distorsionados.

CAPITULO 11

PUBLICIDAD
EN LINKEDIN

PUBLICIDAD EN LINKEDIN

Linkedin tiene una plataforma de publicidad de alcance preciso conocido simplemente como **Linkedin** ADs. **Linkedin** tiene tasas de conversión muy altas pero también cobra tarifas altas para obtener ese tipo de resultados. Las opciones de **Linkedin** para los anuncios son robustas y de fácil integración con aplicaciones y sitios externos, lo cual, convierte a los anuncios en este canal/red social, en una interesante y poderosa herramienta de mercadeo. Los anuncios de **Linkedin** son particularmente útiles para poner en marcha su presencia en **Linkedin**, son perfectos para campañas de posicionamiento y para ganar trafico web o construir bases de datos de prospección comercial o incluso, cumplir cuotas de investigación de mercados o hacer campañas de comunicación.

Las características más potentes de los anuncios de **Linkedin** recaen en su contexto social y apoyado por lo que sucede orgánicamente en ecosistemas digitales. Cuando la Página de una empresa o una Página vitrina tiene muchos seguidores los anuncios funcionan mucho mejor precisamente por la *viralidad* orgánica (aunque suene redundante) de esas acciones. Este capítulo muestra la plataforma a grandes rasgos y es una guía para empezar la creación de su primer anuncio o mejorar la manera en los ha venido haciendo.

A DÓNDE ENVIAR USUARIOS

¿Cuál es la razón que tiene la gente para utilizar **Linkedin**?: seguro no es para ver sus anuncios y luego ir a su sitio web. ESTAN EN LINKEDIN PARA BUSCAR OPORTUNIDADES EN LINKEDIN. Utilice la plataforma de anuncios de **Linkedin** para enviar a la gente a Páginas de Empresa, grupos o perfiles dentro del mismo **Linkedin** y no a sitios externos. Asegúrese de proporcionar una experiencia de usuario más fluida de esa manera. Si usted realmente quiere enviar a la gente a otro sitio, puede entrar una URL de destino. Haga seguimiento de «subsitios», campos de información (o *Tabs*) donde pueda controlar con precisión el tráfico que generan sus anuncios.

DISEÑO DE CONTENIDO CREATIVO
/ DISEÑO CREATIVO DE CONTENIDO

Al crear sus anuncios de **Linkedin**, recuerde que usted está hablando con un público general que está interesado en «socializar comercialmente» con contactos empresariales o profesionales. Los elementos creativos como imágenes y textos redactados (COPY) que constituyen sus Anuncios Clave, deben reflejar parte de esto también.

Imágenes

Los Anuncios de Facebook se componen de un TÍTULO limitado a 25 CARACTERES, un CUERPO de 75 CARACTERES o menos, y una IMAGEN en formato GIF, PNG o JPEG con un PESO de no más de 2 MB y que puedan re-ajustarse las DIMENSIONES a un cuadrado de 50x50 *pixeles* (TAMAÑO). Por supuesto, hay grandes diferencias entre las imágenes de los anuncios de **Linkedin** y los de los anuncios web tradicionales o impresos. Los anuncios de aspecto profesional serian ideales en esta red social, pero profesional no significa aburrido. Los usuarios de **Linkedin** se saltan miles de anuncios cada mes, por lo general no están ahí para que les vendan algo aunque en el fondo sepan que las empresas siempre intentaran hacerlo; pero independiente de esto, si usted como empresario o como gerente de marca quiere llamar la atención hacia sus anuncios publicitarios, usar las cifras de producción de su compañía es una pésima idea. Por eso, es mejor y más recomendable que se usen imágenes atractivas. Los usuarios de **Linkedin** ven contenido generado por el usuario, por lo que los anuncios deben reflejar eso. Manténgase alejado de las imágenes-demasiado-perfectas de los repositorios de fotografía en internet (Ex.: istockphoto.com). También, los usuarios ven imágenes de otras personas, por lo que tiene sentido y hace bien utilizar imágenes de personas reales en sus anuncios. Recuerde el contexto visual que rodea su anuncio. **Linkedin** es en su mayoría en blanco y azul, así que experimente con fotografías en colores contrastantes cálidos. A veces, tácticas agresivas como fondos o bordes en colores brillantes pueden funcionar, pero el uso de estos debe ser moderado y poco frecuente, especialmente en una red social como **Linkedin**. Usted ya sabe porque.

Redacción (Copy)

La parte escrita de su anuncio debe ser / es / será un título corto y un cuerpo. Si hay PPC o anuncios de pago por *click*, que usted o su empresa hayan hecho antes, debe sentirse cómodo con el formato *microcopy*. Estos anuncios con pocos caracteres, necesitan llegar al punto, rápidamente en un espacio muy pequeño mientras hace un buen uso de palabras clave enfocadas en el mercado o público objetivo. Sin embargo, también necesitan sonar naturales. La redacción hecha por rígidos comités ejecutivos o con jerga incomprensible son incompatibles con la publicidad que funciona, no funcionan en Facebook y tampoco funcionan en **Linkedin**. Hable simple y llanamente con poco lenguaje «florido». No utilice demasiados adjetivos o adverbios y no utilice palabras del vocabulario que saldrían en un examen de español. Recuerde que aunque está en un escenario digital para los negocios, la publicidad se escribe para nichos específicos pero lo van a ver públicos generales, por eso, sea lo más directo y específico posible. Incluya LLAMADAS MUY CLARAS A LA ACCIÓN que le digan al usuario exactamente lo que usted quiere que haga, e indique que la acción puede completarse rápida y fácilmente. Use palabras como "ahora" y "hoy" para indicar a los usuarios que puedan empezar de inmediato. Si va a cobrar por algo que está ligado a resultados, hágale saber a los usuarios cifras concretas, cantidades exactas.

...que funciona bien:

Muchos Encabezados claramente describen los productos o servicios ofrecidos. Trate una variación de anuncio con una pregunta en el encabezado para enganchar gente. Esta descripción enlista beneficios claros y sugiere un fuerte llamado a la acción.

...que podría mejorarse:
Pocos Encabezados despliegan apropiadamente el nombre de la empresa en lugar de una palabra o frase describiendo el servicio o los beneficios del producto. Esta descripción no usa oraciones completas y puntuación apropiada.

...que funciona bien:
Algunos Encabezados llaman la atención usando un lenguaje familiar para la audiencia objetivo. Esta descripción claramente establece a quien apela el producto y ofrece una prueba gratis.

...que podría mejorarse:
Otros Encabezados usan una frase genérica que no distingue el producto o servicio o no captura la atención de la audiencia

objetivo. Esta imagen no se relaciona con los productos o servicios que están siendo publicitados.

TARGETING EN LINKEDIN ADS

Entre las característica más poderosa de los Anuncios de **Linkedin** esta precisa focalización que permite hacer porque los usuarios proporcionan montones de datos sobre sí mismos, sus carreras, sus empresas, sus negocios, sus intereses..., se puede identificar grupos muy reducidos de personas para hacer publicidad. Tome ventaja de esto tanto como sea posible; sus campañas deben incluir anuncios orientados que se muestran a pequeños subgrupos de personas. **Linkedin** tiene un sistema que será guía a través de distintos tipos de destinatarios y criterios a medida que crea su campaña.

Localización Geográfica

La geografía es la primera dimensión de la publicidad en la mayoría de redes sociales, buscadores e internet. Nos lo enseñaron en la Universidad y sigue siendo uno de los factores de *Targeting* básicos. Además, es quizás de los factores macros, el más importante. Los anuncios de **Linkedin** son muy útiles para las marcas de las empresas en cualquier tamaño de estas o de sus proyectos. Seleccione el área local más pequeña que le sea posible, cree anuncios específicos para diferentes ciudades y hable con su audiencia en la jerga local. Cuanto más sepa sobre el lugar en el que está anunciando, mejor.

Demografía

Linkedin también permitirá elegir especificaciones de edad y género pero hay otras fundamentales en **Linkedin** como Habilidades, Escuela o Cargo y Antigüedad en una empresa. Trate de escribir anuncios separados para apelar a personas de diferentes sexos y edades. Los hombres y las mujeres utilizan **Linkedin** de manera diferente (por ejemplo), así como lo hacen las personas en diferentes rangos de edad. Durante la investigación de cual es su audiencia exacta, podrá descubrir Preferencias Específicas o en el caso de **Linkedin** Habilidades Especificas. Tenga en cuenta también que los usuarios con niveles más altos de «*Seniority*» o antigüedad laboral, así como las personas en rangos de edad más altos, pueden ser más conscientes y exigentes en cuestión de privacidad, por lo que puede ser importante ser discreto al pedir una gran cantidad de información profesional o personal muy rápidamente.

Industria

En **Linkedin**, este factor de segmentación es clave y no es muy fuerte en otras redes sociales porque simplemente no lo tienen.

Lugares de Trabajo

Este campo puede ser literalmente otra mina de oro; oriente los anuncios a determinadas empresas a las o en las que le gustaría vender sus productos o servicios.

Cargos

No está muy claro cómo puede este factor garantizar la efectividad de un anuncio en **Linkedin** pero es bueno saber que se puede escoger cuando en una estrategia de mercadeo el cargo sea un factor determinante en la segmentación por audiencias.

Habilidades

Cuando un usuario llena su perfil u otras personas lo visitan, se añade información acerca de sus intereses, formación, experiencia, conocimientos, habilidades. Utilizando la plataforma de anuncios de **Linkedin**, puede especificar

Habilidades precisas que funcionan como palabras clave. Los motores de búsqueda pueden ofrecer listados de palabras claves con las que se pueden empezar o que se pueden / deben considerar. Piense en las HABILIDADES como una fuente gigantesca de palabras claves muy poderosas (por estar ya tabuladas) que parecerían estar no relacionadas con su negocio a primera vista pero, a «segunda vista» podrían estarlo profundamente. De hecho, las habilidad tabuladas de **Linkedin** pueden ser una herramienta para predecir quien mostraría autentico interés en su empresa, portafolio, marca, producto y su actuar frente a eso.

PRESUPUESTO

La primera vez que se crea un anuncio en **Linkedin**, requiere la creación de una nueva campaña para poner su anuncio, así como un presupuesto diario. El presupuesto diario es la cantidad de dinero que está dispuesto a pagar cada día para publicar sus anuncios; una vez se llega a ese límite, **Linkedin** deja de publicar sus anuncios el resto del día. Cuando este empezando, suponga que va a gastar este presupuesto todos los días y seleccione una cantidad que estaría dispuesto a invertir. Es una buena idea empezar poco hasta obtener una buena idea de la cantidad del retorno que podrán ver en sus anuncios.

SUBASTAS

DOS opciones de precios de los anuncios:

• Pagar por clics (CPC)

• Pagar por impresiones (CPM)

Debido a que el porcentaje de *clicks* en los anuncios de **Linkedin** tiende a ser baja, es probable que desee utilizar un Modelo de CPC, lo que significa que sólo paga cuando alguien hace *click* en su anuncio. Bajo este modelo, obtendrá miles de impresiones sin tener que pagar miles de *clicks*, y por lo general es la manera más barata de pagar. De manera predeterminada. Para la mayoría de los propósitos, esta sugerencia funciona bien. Deje que su anuncio funcione durante unos días o semanas. Si golpea / afecta su presupuesto todos los días - semana, experimente con la reducción de la oferta poco a poco. Usted puede exprimir algunos *clicks* adicionales provechando su inversión de esta manera.

...LAS CONEXIONES Y CONEXIONES DE CONEXIONES

Si su página de empresa o usted ya tienen una base de o de contactos bastante o suficientemente grande, puede utilizar esto para identificar o predecir Targets y Respuestas a través de gente familiarizada con usted, su empresa o su marca. En principio, los anuncios llegaran inicialmente a los contactos vinculados al perfil de administración que encajan con el grupo objetivo de una campaña (bueno, es lógico, no?). Por eso, antes durante y después de una campaña asegúrese de que la gente de su propia red mantiene una imagen sana sobre usted como individuo, eso también ayuda en el proceso de eficiencia o eficacia de los anuncios. Esto no sólo permite «apuntar» a grupos sociales que son más susceptibles de estar interesados en su marca, pero cuando un usuario ve un anuncio de una página de empresa a la que un amigo suyo está siguiendo, esa persona va a conectarse con su anuncio a través suyo o lo que conoce de su empresa a atrás de una persona en primer o segundo grado de separación. Este es un increíblemente poderoso escenario de prueba social: un usuario es mucho más propensos a prestar atención a un anuncio si alguien de su confianza lo está recomendando.

ESTADÍSTICAS DE LOS ANUNCIOS DE LINKEDIN

Los anuncios deben ser aprobados antes de que comiencen a correr. La decisión se hace bastante rápido. Una vez que el anuncio empieza, **Linkedin** entrega estadísticas simples respecto a lo que está sucediendo (puede verse aquí> **linkedin.com/ads/home**). La página muestra gráficas de impresiones y *clicks* en el tiempo, así como la información del *Bidding* y del *Budgeting*. Estos datos son fundamentales para vigilar cuanto se está gastando, para detectar oportunidades, para reducir ofertas y para saber que está funcionando o no y así ajustar o detener. Si va enviar tráfico a una página web o un sitio interno en **Linkedin**, **Linkedin** genera algunos INSIGHTS sobre la gente y el cómo se está interactuando con los anuncios.

CAPITULO 12

LAS VENTAS CON LINKEDIN Y EL *SOCIAL SELLING*

VENTAS CON LINKEDIN

Los «Social Sellers» en Linkedin crean **45%** más oportunidades.

Los «Social Sellers» en Linkedin son **51%** más dados a alcanzar sus cuotas.

Los «Social Sellers» en Linkedin sobrepasan en un **78%** a sus pares que no usan *social media*.

Ahora, piense en eso ☺

¿Por qué debería usar Linkedin para «Social Selling»?

LinkedIn es donde la gente va a conectarse con otra gente y la información que se relaciona con su trabajo, por lo que tiene sentido construir su red de prospectos allí, también. Además,

LinkedIn cuenta con herramientas integradas en la plataforma para ayudar a los vendedores a alcanzar y conectarse apropiadamente con potenciales compradores o contratantes, además puede conducirse de manera más efectiva. Los vendedores con mayor éxito en **LinkedIn** han transformado sus perfiles en centros de información simplemente mediante **publicaciones** y ofrecer comentarios sobre el contenido de **LinkedIn**. El proceso de usar su perfil de **LinkedIn** como su reputación y no sólo su *currículum* en línea es cada vez más común. Convertirse en un líder de pensamiento ya es algo que se parece más a una obligación que a una recomendación, y, el conectarse con más clientes potenciales se inicia con publicar más actualizaciones de estado a través de su cuenta / perfil en **LinkedIn**, pero hay muchos más.

El Valor de la Venta Social en Linkedin

Las empresas se están introduciendo constantemente a nuevas herramientas, tecnologías y formas de conexión con los clientes. Debido a que la organización de ventas es el motor de los ingresos de una empresa, exitosa, los ejecutivos de ventas mantienen su enfoque en las herramientas y procesos que ayuden a mover el negocio hacia adelante. No todos los equipos de ventas B2B han incorporado ventas sociales en su proceso de venta, pero muchos otros han visto que los medios sociales pueden ser transformadores. Esto es cierto para las empresas grandes y pequeñas, a través de todas las industrias. Ciertos estudios de la industria y expertos están documentando estos cambios.

Piense que empresas como *Microsoft* y *Salesforce* son *partners* de **Linkedin** para sus Soluciones de Ventas y además son clientes y usuarios. Entonces ¿por qué no estaría usted vendiendo con **Linkedin**?

¿Qué es SOCIAL SELLING? (...de acuerdo con Linkedin)

La «Venta Social» es sobre el aprovechamiento de las redes sociales y su marca profesional para alcanzar sus objetivos de ventas. Al encontrar las relaciones o conexiones adecuadas y la creación de confianza, esto permitirá a los profesionales de ventas ser mejores al alcanzar sus objetivos de generación de *leads*, prospección, llamadas en frío, construcción y mantenimiento de relaciones, y mucho más!. **Linkedin** tiene una unidad de negocio para proveer acceso a la plataforma de ventas para personas que es pagada como parte de una cuenta *premium* y otra unidad de negocios que vende soluciones de ventas corporativamente pero eso no quiere decir que no hayan otras maneras de aprovechar a **Linkedin** para Ventas. Hay muchas funciones y herramientas que son necesarias para convertirse en un profesional de venta social.

La Venta Social está aprovechando su marca profesional para llenar su *pipeline* con las personas adecuadas, con conocimientos y relaciones. Los vendedores exitosos saben que su enfoque debe ser hacia el exterior en los consumidores y deben encontrar maneras interesantes para llegar a ellos, pero la venta social es acerca de tomar las relaciones un paso aún más allá. Se trata de conectar con nuevas perspectivas y demostrar a sí mismo que es un líder de pensamiento en su industria compartiendo informes, ideas y perspectivas actualizadas en su industria (esta práctica no es nueva); la prospección es inherentemente social, pero ahora todo está teniendo lugar en línea, donde los vendedores tienen la manera de obtener más información sobre cada prospecto potencial que nunca. La creación de redes es algo que los profesionales de ventas han hecho durante décadas. La única diferencia como llegamos a decirlo anteriormente es que ahora el *Rolodex* ha sido sustituido por una aplicación de **LinkedIn** en su *smartphone*.

A pesar del explosivo crecimiento y la popularidad de las redes sociales el *Social Selling* es para muchos ejecutivos B2B algo en lo que todavía no se puede creer del todo (¡gran error!) sociales, pues, creen o creían que sitios sociales como Twitter y **LinkedIn** son distracciones que distraerían la atención de vendedores y las actividades básicas de venta. Es bueno saber que l mundo ha cambiado.

LA NUEVA REALIDAD DE LAS VENTAS (ES SOCIAL!)

Se está convirtiendo en algo prácticamente imposible ignorar el impacto que las redes sociales están teniendo en las ventas. Gran parte del cara-cara del *networking* que se llevaba a cabo en ferias y conferencias está sucediendo en línea, y muchos introducciones están pasando a través de conexiones sociales. La realidad es que los vendedores que hacen caso omiso de las redes sociales no van a escalar sus negocios con la mayor eficacia que podrían.

El auge de los medios sociales ha cambiado la forma en que los consumidores hacen decisiones de compra y por lo tanto afecta las ventas estrategias que funcionan. Con comentarios sobre productos y comparaciones y sitios web en las puntas de los dedos de los consumidores, estos están más informados que nunca, lo que obliga a los profesionales de ventas a adaptarse a la forma en que se involucran con sus prospectos, principalmente mediante la participación en un diálogo bidireccional.

4 PREGUNTAS PERTINENTES
SOBRE LA VENTA SOCIAL EN LINKEDIN

¿A qué redes, plataformas o canales debo unirme o unir a mi empresa?

¿Cómo puedo maximizar mi tiempo o el de mi empresa en sitios sociales?

¿Qué tan activo debe sr o debe ser mi empresa en sitios sociales?

¿Cuál es la mejor manera de alcanzar prospectos en los medios sociales?

4 PILARES DE LA VENTA SOCIAL EN LINKEDIN

Crear una marca profesional

En el mundo de hoy los compradores B2B son muy selectivos y sólo funcionará con los vendedores que pueden confiar. Una fuerte marca profesional demuestra que usted es un participante activo en su industria. Conducir más consultas de clientes potenciales conduce a más respuestas a sus comunicaciones.

Centrarse en los prospectos correctos

La Venta Social le permitirá encontrar y conectarse con clientes potenciales con más eficacia que las ventas tradicionales. Más del 76% de los compradores se sienten listos para tener una conversación en medios sociales y la identificación de los prospectos que cumplen los criterios establecidos – como el rol, la función o la industria - con **LinkedIn** nunca había sido tan fácil.

Colaborar con ideas

Muéstrese como un experto en la materia mediante el intercambio de contenidos relevantes de la industria, al comentar sobre las alertas de noticias, y la construcción de su marca profesional. Mucho más del 50% de los compradores B2B responden a los vendedores que se conectan con ideas y oportunidades relevantes. Los vendedores pueden mejorar su liderazgo de opinión al permanecer al día con las noticias relacionadas con sus prospectos, y mediante la identificación de nuevos contactos o de los tomadores de decisiones cuando las cuentas hacen contrataciones clave.

Construir relaciones de confianza

Construir confianza con sus prospectos al compartir sus perspectivas ayudar a proporcionar información pertinente a los puntos de dolor comunes. Tener conversaciones genuinas y centrarse en las necesidades de los prospectos es lo primero, después, vendales.

LAS 7 FORMAS EN LAS QUE LOS PROFESIONALES DE VENTAS GENERAN INGRESOS CON LINKEDIN
por LINKEDIN´s KOKA SAXTON

#1 / Abordar el cambio en el comportamiento del consumidor: Es clave para entender lo que las personas ya no quieren (Ex. las Llamadas en Frio están «pasadas de moda»)

#2 / Los representantes de ventas son los dueños de su generación de prospectos: En una red tan grande y creciendo las empresas no pueden controlar el 100% de la prospección.

#3 / Identificar las personas correctas en las organizaciones objetivo: Para que buscar gente que no tiene nada ni nadie en común con usted si hay miles de oportunidades con personas en 1ᵣ y 2º de relación.

#4 / Desbloquee el poder de las conexiones para acceder a nuevas cuentas: Nunca fue tan fácil conseguir referidos que teniendo a Linkedin disponible.

#5 / Tomar Ventaja de la Construcción de Equipos: Nunca fue tan fácil conseguir referidos que teniendo a Linkedin disponible. Más del 50% de los decisores buscan consejo con miembros internos de Linkedin.

#6 / Identifique el Tópico correcto para hablar: La gente ya no le presta atención a contenido desagradable, descontextualizado, irrelevante o inútil; básese en esto para acercarse a sus prospectos claves.

#7 / Lograr Resultados Comerciales: Atraiga a sus prospectos más que enfocarse en buscarlos, es más inteligente construir una reputación y ser buscado que ir tras cada persona o empresa que parece un prospecto.

LOS 7 SECRETOS PARA EL ÉXITO DE VENTAS CON LA PLATAFORMA DE LINKEDIN

#1 / Haga Investigación (Ex. *Linkedin Search*)

#2 / Véase Bien (Ex. *Linkedin Profile*)

#3 / identifique las Herramientas (Ex. *Linkedin Groups*)

#4 / Trabaje sus Conexiones (Ex. *Linkedin Contacts*)

#5 / Manténgalo Personal (Ex. *Linkedin Mail*)

#6 / Impulse la Curiosidad (Ex.: *Linkedin Posts*)

#7 / Llame a la Acción (Ex. *Linkedin Analytics*)

USAR ELEMENTOS «SOCIALES» PARA CONSTRUIR *PIPELINES* DE VENTAS EN LINKEDIN

Los profesionales de ventas saben que la clave para cerrar más acuerdos no es necesariamente la generación de más clientes potenciales, es la activación o movimiento de los hilos adecuados. En estos días, una de las mejores maneras de construir un flujo de ventas robustas es generar los prospectos utilizando **LinkedIn**.

De hecho, la Venta Social resuelve uno de los enigmas de las ventas profesionales más antiguos: LA PERDIDA DE CONTACTO CON INFLUENCIADORES (ya sea en la perspectiva de empresas o cuentas estratégicas existentes), cada vez que un contacto cambiaba de trabajo o se movía a un nuevo rol, se perdía ese contacto por largo tiempo o para siempre. Ya no ☺

PASO 1: HAGA BUSQUEDAS INTELIGENTES. La red de **Linkedin** es muy grande, puede encontrar desde cualquier cosa hasta algo increíblemente específico solo *reblujando* un poco.

PASO 2: USE LINKEDIN COMO PLATAFORMA DE ENGANCHE. El contenido son ventas, quizás al largo plazo pero está comprobado que lo es. La gente que se engancha con *views*, *likes*, *comments*, *shares* u otras acciones clásicas de enganche en los medios sociales le está diciendo *entre líneas* o directamente VENDAME!

USAR EL «CRM» PARA ATAR LA VENTA SOCIAL
A LOS INGRESOS

Para identificar los resultados medibles de sus esfuerzos de venta social, aprovechar su sistema de *Customer Relationship Management*. Comience con lo siguiente para administrar monitorear y medir resultados:

- Cree *Tags/Tabs* en **Linkedin** uno para Cuentas y otro en Oportunidades.
- Piense en **Linkedin** como su propia y permanente fuente de prospectos.

EL FUTURO DE LA VENTA SOCIAL (LINKEDIN INCLUDED ☺)

Muchas empresas son o reacias a considerar, adherirse o implementar los medios sociales para las ventas o están todavía moviéndose lentamente en hacerlo. Los expertos del sector y los analistas creen que estas empresas serán dejadas atrás dentro de los próximos cinco a 10 años.

Koka Sexton predice que la venta social será la norma en pocos años y dice que «...estamos cerca del punto de inflexión, cuando se llegue a la masa crítica». Entonces, ocurrirá lo siguiente:

- Los vendedores serán contratados en función de su impacto social, su presencia, su identidad, sus redes, sus comunidades, su contenido, sus publicaciones.

- La línea entre las ventas y el marketing se desdibujara aún más pues los vendedores harán su propia *micromarketing*.

- Los representantes comerciales (responsables de al menos 70% de prospectos e ingresos, pueden aumentar esa proporción al convertirse en sus propios vendedores.

CAPITULO 13

APLICACIONES DE LINKEDIN +LINKEDIN DEVELOPERS

APLICACIONES DE LINKEDIN +LINKEDIN DEVELOPERS

Hace ya varios años, **Linkedin** lanzó una plataforma que permite a desarrolladores crear aplicaciones para aprovechar las características del sitio y la información social de sus usuarios. Cuando un usuario instala o agrega una aplicación, la aplicación puede mostrar contenido en su perfil, así como ganar acceso (limitado) a su información. Para la gente de mercadeo, las aplicaciones también representan una oportunidad para crear experiencias atractivas o interesantes de marca que son inherentemente social.es. Se detallaran muchas de las cosas claves que usted necesita saber para crear o utilizar aplicaciones de **Linkedin** o desde **Linkedin**, así como en algunos casos puntuales, información que podría ayudar a planificar su diseño o desarrollo. Claro, usted o su empresa, necesitaran recursos para el desarrollo/diseño, puede encargar a un programador –diseñador en su empresa (o contrate a uno), o, aprenda a escribir usted mismo líneas de código, podría incluso ser divertido, fácil y útil. Los desarrolladores y en algunos casos diseñadores competentes, pueden aprender a trabajar con las API de **Linkedin** pero eso, desafortunadamente no puede abarcarse acá.

CREAR APLICACIONES INHERENTEMENTE SOCIALES

Usted le ha oído decir a la gente el término «Viral», pero, ¿qué significa realmente? La confusión acerca de lo «social» y el mercadeo viral es frustrantemente común. Lo viral es el resultado de «liberar» exitosamente una campaña que solo puede ser bien definida llamándola «contagiosa». Pero, lo «contagioso» en las redes sociales no es algo que mete en el último momento, pero las aplicaciones dan mayores posibilidades de hacer de algunas campañas, algo viral porque se han convertido en algo inherentemente social. Si bien puede ser una experiencia diferente para cada profesional o empresa cuando una aplicación pide datos abruptamente a un usuario, en realidad lo que está sucediendo es que nos están optimizando el tiempo (recurso no renovable que perdemos, por ejemplo, llenando formularios de registro con los mismos campos una y otra vez) (6,1 Caso de Prezi.com). El valor o goce que un usuario recibe con una aplicación verdaderamente social, llega a menudo directamente por su interacción con otras personas dentro de la aplicación. Muchos casos no son así en **Linkedin** pero cada vez se abre más a más plataformas externas.

MEJORAR COMPORTAMIENTOS SOCIALES EXISTENTES

Linkedin es en sí mismo una Herramienta Social, más que una «Red Social». En esa medida, en el contexto de las aplicaciones, no es una colección de individuos tanto como un conjunto de herramientas que permiten a las personas interactuar con sus actuales redes sociales. Para muchos, **Linkedin** no es un lugar para conocer gente nueva; es un lugar para conectarse y comunicarse con aquellos con quienes ya han estudiado o trabajado. Los usuarios interactuaban con su círculo socialcomercial mucho antes de existiera **Linkedin** y muchas interacciones siguen sucediendo sin conexión., pero, **Linkedin** es una herramienta que facilita la conexión de gente en función o en pro de los negocios y que se encuentra a largas distancias o haciendo actividades específicas o trabajando sobre piezas de contenido (como presentaciones de la última conferencia).

Una de las maneras más fáciles de diseñar una aplicación inherentemente social es identificar el comportamiento social preexistente y hacerlo mejor. Un usuario «moderno» de las redes sociales es mucho más probable que utilice una aplicación para *agendar* por ejemplo, una cita de negocios. Esto último es posible-pero tal vez más difícil desde el punto de vista de la motivación y del mercadeo. De hecho, una de las aplicaciones más populares en **Linkedin** permite a los usuarios registrar información básica para un «CRM Personal» una actividad ya indispensable en el ámbito de las ventas. Conocer a su público objetivo, siempre puede ayudar enormemente. Por ejemplo, si usted está apuntando a profesionales independientes,

EL EFECTO LINKEDIN
por Andrés Velásquez

About.Me tiene una aplicación que permite a los usuarios de **Linkedin** registrarse o entrar a su plataforma de comunicación de Marca Personal (13,2). Incluso, un poco de investigación o conocimiento acerca de sus posibles usuarios le permitiría crear una lista interacciones sociales (buscar: *Linkedin Maps*), pre-existentes que tienen en **Linkedin**. Si tiene una lista de correo de contactos, prospectos o clientes, una simple encuesta preguntando lo que hacen en **Linkedin** es un manera rápida y fácil de conseguir muchas-buenas ideas. Nadie quiere socializar sobre algo percibido como inútil o dañino. Las personas y en especial los profesionales o ejecutivos de mercadeo, quieren socializar alrededor sus mismos círculos de contactos o pares académicos o laborales. Piense como podría usted posicionar su marca o la marca de sus empresa como la que mejor le ayuda a otras empresas o individuos a ser más «Sociales» en **Linkedin** a través de aplicaciones.

APRENDA DEL ÉXITO O DE LO EXITOSO

317

Puede sonar extraño o exagerado, pero para muchos entusiastas o incluso científicos del fenómeno de los «Medios Sociales», las aplicaciones de **Linkedin** (similar a como ocurre en Facebook), son como organismos vivos. Se pueden tomar elementos, ideas, conceptos o prototipos que funcionen exitosamente y se puedan difundir orgánicamente para que al ser mezclados generen algo completamente nuevo. En algunas industrias y nichos habrá más de un competidor considerando o pensando cómo hacer aplicaciones para su negocio y que estén apalancadas con código de **Linkedin**. En lugar de buscar competidores que venden productos o promueven marcas similares a la suya, busque empresas y aplicaciones que están dirigidas a los mismos públicos a los que usted o su compañía están dirigidos; esto, además, le ahorrara tiempo. Piénselo, tal vez una aplicación suya adaptada, de su empresa de su marca o de su producto, termine convirtiéndose en una aplicación celebre en *Silicon Valley*.

ADVERTENCIA: No exagere referenciándose de los mejores al punto de parecer una mala copia. La clave de las aplicaciones (y esto aplica también para **Linkedin** y para Mercadeo) está en darle un giro propio y, digamos, especial a su marca en el concepto tomado. Busque dentro y fuera de **Linkedin** por inspiración, nunca viole marcas registradas para mantener siempre un «Juego Limpio».

. SIMPLE . CLARO . VELOZ . *«ENGAGEMENT»*

Sus contactos target probablemente ya están familiarizados con el uso de **Linkedin** para socializar en lo comerciales o de mercadeo y no están tan interesados en aprender nuevos comportamientos. Usted debe tratar que tanto crear como usar una aplicación sea lo más intuitivo posible. Las aplicaciones deben verse en términos de fricción e inercia, la fricción es la cantidad de inversión en tiempo, y el compromiso de un usuario se enfrentándose a una aplicación sin problemas, la inercia, por otro lado, es la motivación de un usuario en torno a tener que superar la fricción que genera la aplicación. Si nunca han oído hablar de usted, su empresa, su producto, su marca o una aplicación previa, asegúrese de que sea muy fácil de configurar y de dar valor desde el principio. Trabaje para para *reducir la fricción y aumentar la inercia* ☺

«SHARE YOUR CONTENT - GROW YOUR USER BASE - ENGAGE YOUR USERS»

LINKEDIN PARA CARACTERÍSTICAS «VIRALES» INTEGRABLES

Linkedin es una red social, y como tal, contiene una amplia gama de características potencialmente virales.

Los usuarios pueden invitar a otros para agregar aplicaciones, sugerir Páginas, grupos, enviar mensajes y también etiquetar, **mostrar gusto, comentar y compartir**, estas últimas tres siendo algunas de las características distintivas de las redes sociales más populares. En algunos casos, **Linkedin** notifica a la gente cuando otros usuarios agregan o comparten aplicaciones o simplemente muestra cualquier tipo de enganche con estas. Si usted o su empresa han diseñado una aplicación, asegúrese de que su aplicación utiliza las características virales de las redes sociales y especialmente las de **Linkedin**. Dele SIEMPRE a los usuarios motivos para invitar a sus contactos, pero tenga cuidado de no exigirles ni obligarlos a hacer esto. Eso sí, NUNCA caiga en la «trampa» de pensar que después de montada la aplicación en **Linkedin** todo está hecho; para obtener los mejores resultados, estos mecanismos deben estar profundamente integrados y ser parte fundamental de su empresa o marca y que haya una razón «obvia» y una utilidad «tangible» para considerar - usar la aplicación. No desarrolle-diseñe una aplicación de **Linkedin** que simplemente funcione como una «aspiradora social» (que traga datos), construya algo donde la gente realmente pueda interactuar con otras personas y así, también, propagar la aplicación.

DISEÑO/DESARROLLO Y PARTES DE LAS APLICACIONES

Las aplicaciones pueden aparecer bien en torno al perfil, una Página de empresa, grupo, o en el «*Canvas*» principal de **Linkedin** como plataforma (lo que se conoce como «*News Feed*» generado por los usuarios y el panel que procesa o muestra visualmente información generada por el algoritmo de **Linkedin**). Si le han impresionado con una idea para una aplicación, visualice como los usuarios van a interactuar con esta. Use lápiz y papel (marcadores de colores funcionan igual de bien para esto, ya que obligan concentrarse en las estructuras globales) o una herramienta digital como *Adobe Photoshop* o incluso Microsoft PowerPoint. Trate de obtener pronto una maqueta que sirva para ilustrar la interacción frente a los posibles usuarios. Incluso sin prototipos, se sorprendería de cómo llegan buenas ideas. No le tenga miedo a empezar de cero.

EL EFECTO LINKEDIN
por Andrés Velásquez

01	02	03	04
REGISTRE LA APLICACION	GUARDE LA CLAVE DEL API y LA CLAVE SECRETA	CONSIGA UNA FICHA DE ACCESO	HAGA LOS «API CALLS»

AUTENTICAR USUARIOS

OTORGAR PERMISOS

A	B	C	D
perfil básico por defecto	conceder un permiso de «todo o nada»	optimizar para permisos	reautorizar en cambios de permiso

.
.
.
.

Como se mencionó anteriormente, es probable que no tenga que desarrollar la aplicación usted mismo. Cuando esté cómodo con sus esquemas en crudo, hable con desarrolladores y diseñadores, ellos le darán ideas sobre cómo actuar con las partes fáciles o difíciles de su aplicación. Si cuenta con los recursos, contrate el desarrollo y diseño que impulse la experiencia con el usuario y a alguien experto en facilitar esa interacción. **Linkedin**, por lo general trata de promover un entorno fluido y se va aprendiendo en la medida que construye y lanza su aplicación (13,8). No sea TAN perfeccionista, asegúrese de que la aplicación este por lo menos funcionando y láncela lo antes posible, mientras sucede, vaya trabajando para hacerla mejor en su código y en su diseño. Lo mejor que puede hacerse en proyectos de este tipo es apostarle a lo ágil y a resolver problemas o generar alternativas útiles y atractivas para los usuarios de **Linkedin**.

ARTE Y TEXTOS

Antes de lanzar la primera versión de la aplicación, tendrá que elaborar algunas imágenes y textos persuasivos. El texto será sobre todo corto o conteniendo un «*microcopy*», incluyendo el nombre de la aplicación, una descripción y las instrucciones que los usuarios tendrán para utilizar la aplicación. Usted también necesitará crear uno o varios iconos. Invierta tiempo en los ICONOS para que sean buenos. Los ICONOS convencen a los usuarios a de instalar y utilizar la aplicación (aunque suene increíble). Piense en los usuarios de forma iterativa (reiterada) así como lo hace con sus esfuerzos de desarrollo, escritura de código, diseño, textos persuasivos o «*Copy*» que deben ser constantemente mejorados.

LANZAMIENTO Y PROMOCIÓN DE APLICACIONES

Cuando la primera versión usable de su aplicación está completa, usted querrá empezar a introducir potenciales usuarios. Si tiene una comunidad existente en **Linkedin**, como una página de empresa o grupo, los Miembros del Grupo o Seguidores de la Página son perfectos (de hecho ideales) como usuarios iniciales. Comparta la aplicación en «El Muro» de **Linkedin** y, hágalo vía *Email, Twitter, Blog*, e incluso Facebook, pues son extraordinarias maneras de lanzar sin verdaderas dificultades su aplicación, pues, estas personas, ya tienen afinidad construida con su marca o su empresa. Escuche la retroalimentación y utilice esta información para próximas iteraciones de desarrollo (+ diseño) que realice.

Tome ventaja de los espacios u oportunidades que **Linkedin** le da poner medios enriquecidos (IMÁGENES) y textos con palabras claves (ETIQUETAS DE CONTENIDO) en los campos asignados o autorizados del formulario. Describir su aplicación utilizando palabras clave facilita que la gente encuentre su aplicación más fácil y rápida. Use capturas de pantalla atractivas, así como logotipos de la/para la aplicación. Si la aplicación fue diseñada y desarrollada para ser inherentemente social, su lanzamiento en canales conocidos y recorridos lo hará más «suave» y se sembrará una semilla de usuarios que comenzarán a compartirlo con sus contactos. En un contexto digital ideal, si se ha hecho un trabajo muy bien, la semilla de la promoción se va a regar como pólvora. Si ese no es el caso suyo o de su empresa, no se preocupe; recuerde que usted está trabajando iterativamente y está constantemente haciendo mejoras. Hay varias opciones para la promoción de su aplicación, una de ellas es pagada y está en **Linkedin** que son los **ADs** de **Linkedin**, su sistema publicitario y las soluciones de ventas y mercadeo, por supuesto! ☺.

CAPITULO 13A

APIS

DE LINKEDIN

¿QUE ES UN API?

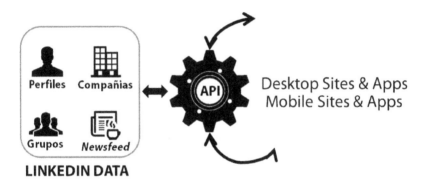

LINKEDIN DATA

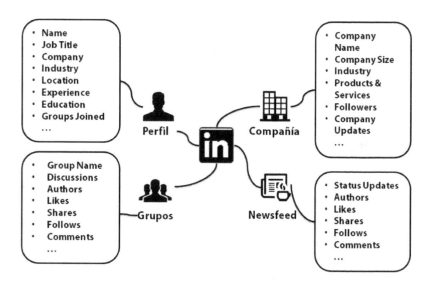

COMBINACION

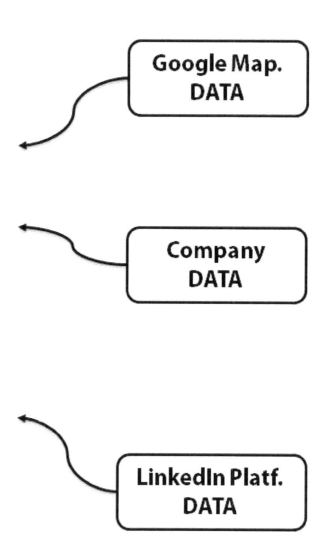

PERSONALIZAR Y AMPLIFICAR

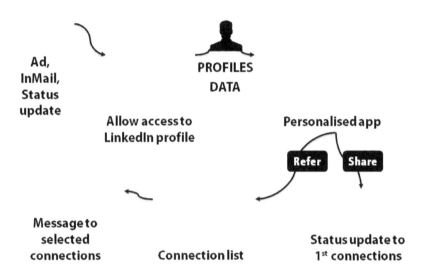

Ad,
InMail,
Status
update

PROFILES
DATA

Allow access to
LinkedIn profile

Personalised app

Refer   Share

Message to
selected
connections

Connection list

Status update to
1st connections

QUE HACER CON APIS DE LINKEDIN

- *BASIC PLUGINS*
- *Profile Analyzer*
- *Advisor Finder*
- *Product Promoter*
- *Event Promoter*
- *Content Amplifier*
- *Connection Map*
- *Exchange App*
- *...*

PROFILE ANALIZER / CASO: IE BUSINESS SCHOOL´S «THE MÁSTER FINDER» (ESPAÑA)

Objetivo

Incrementar conciencia de marca y producto a través de una herramienta útil.

Solución

Proveer a estudiantes potenciales, sugerencias personalizadas de grados.

Proceso del Usuario

- *Sign In* con LinkedIn (en el *Homepage* de IE)
- Responder 3 Preguntas
- Ver sugerencias personalizadas en un Grado de Máster ideal.
- Compartir con la red y contactar representantes de IE via un formulario pre-poblado (pre—llenado).

EVENT PROMOTER / CASO: DELL´S «INNOVATION LIVE EVENT» (FRANCIA)

Objetivo
Promover un evento en vivo y generar prospectos.

Solución
Habilitar miembros para registrarse fácilmente, participar y compartir un evento en vivo

Proceso del Usuario
- Registrarse en el evento en vivo a través de *LinkedIn Sign In.*
- Invitar conexiones al evento, compartir el evento, comentar durante el evento.
- Contactar a Dell a través del formulario de contacto *pre-poblado.*

AMPLIFICADOR DE CONTENIDO / CASO: IBM´S «AMAZING DATA» (FRANCIA)

Objetivo

Llegar a CMOs en una forma innovadora (a través de contenido entretenido impulsado por datos)

Solución

Hub de contenido para publicar y promover contenidos de ocio especialmente creado alrededor de los ganchos de datos de IBM.

Proceso del Usuario

- Ver contenidos de ocio especialmente creados a partir de datos.
- Iniciar sesión con LinkedIn para una mayor relevancia.
- Compartir fácilmente contenido con conexiones de primer grado.

PRODUCT PROMOTER / CASO: SAMSUNG´S «AWAKEN YOUR CREATIVITY WITH GALAXY» (EMEA&APAC)

Objetivo

Promover el Producto de una forma atractiva para profesionales en 7 mercados.

Solución

Competencia dentro de un *Microsite* basado-en-APIs luciendo las características del producto en 5 Idiomas y optimizado para cualquier dispositivo móvil.

Proceso del Usuario

- Página de destino con 5 características claves del producto, voto cuenta y comentarios.
- Voto / comentario en la función favorita, mejores comentarios ganan dispositivos.
- Compartir a través de LinkedIn y otros canales.

Los **APIs** de **Linkedin** a pesar de su uso diversificado, no son para uso comercial abierto.

Para **uso comercial**, solamente hay **2 OPCIONES**: 1. Obtener una excepción para su agencia creativa. / 2. Involucrarse como socios certificado (CDP) de **Linkedin**. Estas opciones vienen con despacho legal, límites más altos, el apoyo directo (e implican un acuerdo comercial con **LinkedIn**)

CAPITULO 14

ANALITICA

DE LINKEDIN

ANALÍTICA DE LINKEDIN

Igual que con cualquier esfuerzo de mercadeo, la analítica es sumamente importante, no solo porque tiene que justificar su inversión, sino para mejorar su trabajo de mercadeo en **Linkedin** a futuro. **Linkedin** tiene una plataforma cada vez más robusta de análisis que permite reunir información sobre su página de empresa y anuncios. También debe ser consciente de cómo sus campañas de mercadeo en **Linkedin** afectan el rendimiento de su empresa y productos.

...explorar, buscar, observar, **investigar**, **examinar**, **inspeccionar**, **explorar**, sondear, rastrear, **revisar**, **vigilar**, verificar, *seguir*, **supervisar**, *monitorear*, **controlar**, evaluar, *valorar*, **analizar** y ajustar!

INSIGHTS

La Plataforma Nativa de Análisis en **Linkedin** para *Insights*, permite acceder a información detallada acerca de los seguidores de las Páginas de Empresa que es por otra parte muy difícil o costosa de obtener por medios externos. Las estadísticas básicas disponibles para el usuario a través de la plataforma incluyen usuarios diarios y mensuales activos, *followers* diarios o a lo largo del tiempo. Ciertas métricas son menos robustas pero son una gran manera de establecer y vigilar tendencias, sobre todo el «ritmo» de cada día en interacciones o *followers*. En términos generales, siempre y cuando estos puntos de referencia estén en aumento, usted o su empresa van en la dirección correcta, al menos en términos de mercadeo en **Linkedin**. Manténganlo balanceado. Los datos de las interacciones básicas se verá mucho más variables que las estadísticas globales de los usuarios. La cantidad de contenido publicado en el sitio (así como la calidad de ese contenido) probablemente variará. El objetivo con esos datos es mantener una línea base de la actividad en la mayoría de los días. Entre los datos detallados de usuario proporcionados por los *Insights*, se incluyen desgloses de perfil de los usuarios activos diarios, lo que simplemente permite ver porcentaje de estos que han visitado su página. Después, puede comparar lo obtenido con los usuarios más «comprometidos»... que les gusta, que comentaron o que compartieron. Para la mayoría de las Páginas, la mayoría de los usuarios serán meramente visitantes, pero debe animar a sus usuarios a realizar acciones que muestren mayor compromiso.

FOLLOWS & UNFOLLOWS

Los datos detallados de usuario permiten realizar un seguimiento no sólo el número de *Follows* recibidos en su página de empresa en el tiempo, sino también el número de *Unfollows* que se produjeron. El segundo, por lo general será típicamente pequeño comparado con el primero. Pero los picos podría indicar un problema que se debe investigar.

DATOS DEMOGRÁFICOS

Los *Insights* detallado de los usuarios de la página de empresa, también se puede profundizar en datos muy precisos sobre la parte demográfica, incluyendo la edad, el género, la ubicación o relacionadas. Este tipo de información puede ser útiles para informar a su equipo de mercadeo que trabaje con **Linkedin** así como con las campañas / anuncios de **Linkedin**.

ACTIVIDAD Y TRÁFICO

La Actividad Detallada de los usuarios de la Página de Empresa muestra donde se produjo la actividad y el origen del tráfico. Se verá una lista de los sitios externos que impulsaron el tráfico. Adicionalmente, se muestran datos sobre el consumo de medios que se produjo en su sitio, incluyendo distintos formatos de contenido.

RETROALIMENTACIÓN DE PUBLICACIONES EN LINKEDIN

Linkedin muestra la información del historial de retroalimentación de todos los días con un gráfico. Picos de *Unfollows* deben desencadenar alarmas. Debajo de las «historias cotidianas» hay una lista de historias publicadas en su página y el número de impresiones que cada una ha recibido, así como un porcentaje de realimentación. Preste atención a los días y horas que parecen ser más populares. En el gráfico de la actividad de la página se muestra la cantidad de esta llevada a cabo por usuarios de la página, incluyendo discusiones, el «muro» y mensajes en distintos formatos. La actividad día-a-día siempre se verá bastante desigual, no se deje asustar por eso.

ANALÍTICA DE ANUNCIOS EN LINKEDIN

La plataforma de anuncios de **Linkedin** muestra información básica acerca de los *clicks*, impresiones y *clicks* con sus tasas a través del tiempo. Con esto, también se pueden crear informes sobre rendimiento de los anuncios, así como responder a la demografía y la información de los perfiles. La interfaz de campañas de **Linkedin** *Ads* proporciona estadísticas básicas que incluyen el número de *clicks*, impresiones y el costo. También encontrará gráficos que muestran impresiones, *clicks* y porcentaje de *clicks* en el tiempo. Estos datos son útiles sólo para niveles altos, controlando a simple vista sus anuncios.

INFORME SOBRE RESULTADOS PUBLICITARIOS

La sección de informes de la interfaz de anuncios permite generar informes un poco más detallados y otros más sutiles sobre sus anuncios.

INDICADORES (DE DESEMPEÑO) Y METAS

Medir la eficacia de sus esfuerzos de mercadeo sería el último punto de análisis; si estos esfuerzos están en la obtención de ciertos objetivos, con mayor razón. Antes de lanzar cualquier campaña, usted debe entender claramente cuáles son sus objetivos: ¿Está tratando de impulsar las ventas de un producto? ¿Está esforzándose para generar clientes potenciales para un servicio? ¿Está interesado en el envío de tráfico a su sitio para obtener beneficios económicos a través de *clicks* en los anuncios? ¿O está tratando de aumentar la conciencia y posicionamiento de su marca?. Unos objetivos son generalmente más fáciles de reportar y están estrecha - mente ligados a los beneficios, por lo que las métricas son muy poderosas para justificar inversiones de tiempo y dinero en mercadeo en **Linkedin**. Una vez que haya decidido sobre sus objetivos, es necesario identificar los indicadores clave de rendimiento (KPI por sus siglas en Ingles) a medir. Estas son métricas que indican la eficacia de sus esfuerzos en el logro de sus metas. Además de los indicadores directos, es aconsejable definir *proxies* o métricas intermedias. Típicamente, por ejemplo, las metas de ganancias tienen su lugar fuera de las redes sociales, fuera de **Linkedin** también. Los indicadores al tiempo, pueden ser útiles para medir compromiso (promedio de tiempo en el sitio y de Páginas vistas por visita) y los niveles del tráfico que **Linkedin** está enviando a su sitio.

RASTREO

Una gran mayoría (por no decir todos) de los sitios web comerciales ya tienen un paquete de análisis instalado para monitorear actividades de los usuarios. *Google Analytics* es un ejemplo común, útil y gratuito. Si tiene metas que ya fueron creadas en su sistema de análisis (lo cual debería ser para cualquier tipo de mercadeo, no sólo **Linkedin**), lo más probable es ser que sea capaz de medir el comportamiento del tráfico procedente de LINKEDIN.COM en sus informes de referencia. Vea la cantidad de tráfico que **Linkedin** envía a su sitio, mire también el tiempo en el sitio y en las Páginas vistas por visita como indicadores intermedios. En última instancia, usted querrá prestar más atención al número directo de metas finales (ventas, clientes potenciales, etc.) que resulta de LINKEDIN.COM. Los paquetes de *Analytics* como *Google Analytics* también permiten utilizar parámetros de seguimiento para perfeccionar el nivel de información que se ve sobre el tráfico de **Linkedin**. Si usted está usando ADS de **Linkedin** para enviar tráfico a su sitio web, añada esos parámetros al final de la URL de destino para ver el rendimiento respecto al tráfico que llega a su sitio desde anuncios específicos. Cada paquete de análisis maneja parámetros de seguimiento de manera diferente, por lo que el mejor lugar para aprender acerca de ellos es directamente desde el proveedor del paquete (una serie de libros y sitios web pueden enseñarle cómo utilizar parámetros con *Google Analytics* aplicados a **Linkedin**).

CAPITULO 14A

INVESTIGACIÓN
CON LINKEDIN

INVESTIGACIÓN CON LINKEDIN Y/O LINKEDIN SURVEYS (DESABILITADO)

Linkedin por su naturaleza, puede ser usada como una Red de Investigación (tanto cualitativa como cuantitativa) esta red, permite la investigación de mercados a través de su propia comunidad y que se efectúe, investigación primaria dirigida y enfocada a B2B cuya base son millones de profesionales. Desde el punto de vista cuantitativo, las encuestas han sido un «lujo» de las grandes empresas debido a la falta de disponibilidad de muestreo B2B. Con **Linkedin** eso cambia mucho por no decir totalmente. Por primera vez, a través de una red social (**Linkedin**) se puede llegar a grandes poblaciones B2B de calidad por los perfiles profesionales y las Páginas de Empresa, aprovechando esto también para iniciativas cualitativas como el *coolhunting*. Acceder a información o llegar a industrias, territorios y funciones es ahora más efectivo. La idea es que usted y/o su empresa se centren en encontrar la muestra necesaria para ganar *insigths* y entregar innovación a través de acciones de investigación que ayuden no solo a sus productos sino a sus clientes finales obteniendo así una ventaja competitiva final.

LINKEDIN ES UNA PROVEEDORA *PREMIUM* DE MUESTREO B2B

ESCALA: **Linkedin** permite conducir proyectos difíciles de cumplir dado el alcance que tiene en las comunidades enfocadas en B2B mediante el aprovechamiento de su red natural de millones de usuarios profesionales en todo el mundo y en todos los segmentos de la economía.

GLOBAL: **Linkedin** involucra a los profesionales de todo el mundo.

CALIDAD: **Linkedin** da acceso a verdaderos profesionales con perspectivas reales; sus conexiones de 1r., 2o., e incluso una porción de las de 3r. Grado garantizan perfiles auténticos no disponibles en ninguna otra red social o lugar en internet.

DIRIGIDO: **Linkedin** crea una visión más profunda a través de una mejor Focalización – Filtro en las personas que usted indague o encueste, puede filtrar por título, antigüedad, función, edad, país, tamaño de la empresa, y, muchas otras variables

FIABLE: **Linkedin** permite conseguir encuestados en tiempos más cortos y el hecho de que se trate de una plataforma digital garantiza un gasto muy inferior al que se gastaría en trabajo de campo tradicional basado en pale o en dispositivos de registro electrónico.

ALTERNATIVAS A LOS *SURVEYS* DE LINKEDIN

Aquellos de ustedes que ni siquiera supieron que **Linkedin** tuvo un servicio de Investigación de Mercados (***Linkedin***

Surveys) seguirán viviendo sus vidas sin haber sido afectados; pero, ya lo saben y quizás e pregunten ¿qué pasó?. Tal vez como otros servicios gratuitos o corporativos no era rentable. ¿Qué se puede hacer? ¿Cómo vamos a encontrar herramientas para hacer estudios cuantitativos?. **Surveymonkey** es una alternativa tecnológica enfocada en Encuestas y Estudios que de alguna forma en diversos contextos y momentos, ha sido sincronizada con **Linkedin**. Aunque se pueden hacer estudios a gran escala con **Surveymonkey**, gran parte del soporte estadístico de los estudios que se corren con **Surveymonkey** se llevan a cabo en otras redes sociales (incluyendo **Linkedin**) en lugar de dentro de su red de usuarios. Aunque **Surveymonkey** también puede ser utilizado para estudios completamente gratuitos, este, se especializa en la venta de determinadas características de alcance de respondientes, numero de preguntas, módulos de análisis de datos, lo cual ya no es un terreno propio y muchas veces tampoco compatible con **Linkedin** (al menos por ahora). Si las encuestas o los estudios de mercado son su negocio central, **Surveymonkey** tal vez no sea su mejor alternativa cada vez, pues , hay empresas especializadas. De acuerdo con Wikipedia, **SurveyMonkey** ha anunciado convenios de su plataforma para APIs que permite la integración de aplicaciones de terceros y *widgets* en la herramienta principal de **SurveyMonkey**. En la actualidad, la compañía cuenta con asociaciones con *Eventbrite*, *MailChimp*, *Salesforce* y *Marketo*. Por supuesto, **Linkedin** permite conexión con **Surveymonkey** a través de sus APIs.

¿COMO HACER SUS ENCUESTAS «SOCIALES» CON LINKEDIN?

Hay un montón de lugares que en los que usted puede publicar su enlace de encuestas en esta red social profesional. Puede colocar un enlace en su perfil personal para que aparezca en el *feed* de sus contactos. ¿Es el administrador de la página oficial de su empresa? Asegúrese entonces de colocar el enlace allí también. No se olvides de tomar ventaja de todos esos grupos de **Linkedin** a los que se has unido también y pida a sus compañeros y colegas completar las encuestas. Recuerde sin embargo de prestar atención especial a su tono cuando publique en **Linkedin**. Como se trata de una comunidad profesional, usted va a querer asegurarse de que el contenido de su encuesta es apropiado para compartir con sus contactos. El contenido de **Linkedin** tiende a ser un poco más formal en apariencia que en otras redes sociales como *Facebook* o *Twitter*. Pregúntese a sí mismo antes de su publicación, ¿es la encuesta que está enviando la más adecuado para **Linkedin**? Por ejemplo, si es una encuesta sobre la satisfacción de usuarios, está bien. Una encuesta sobre vídeos de gatos favorito de todos los tiempos no tanto.

EL EFECTO LINKEDIN
por Andrés Velásquez

INDICE
(void)

¿DISFRUTÓ ESTE LIBRO?, ¿FUE ÚTIL?

Cuéntenos sus percepciones, opiniones, ideas. Si identifica un error o actualización, déjemelo saber, si es válido, o le retorno lo que pago por este libro o le regalo una versión digital para alguien cercano a usted en lo profesional o corporativo.

¿HABLAMOS?

«POSTFACIO»

Linkedin, año 2014, el CEO de la Compañía, hecha pública, *Jeff Weiner* (heredero de Liderazgo del Fundador *Reid Hoffman*, ahora dedicado a proyectos más «ambiciosos»), presenta la misión y la visión de **Linkedin** como empresa... una nueva BIG AMBITIOUS GOAL como plataforma. Adicionalmente presenta las aristas del nuevo CORE de **Linkedin** como servicio. Conectar talento con oportunidad a escala másiva, ayudado por lo que **Linkedin** empezó a llamar el Grafico Económico. Lo que viene en los próximos 10 años va a estar determinado por 3 ejes...

Identity

Networks

Knowledge

Buscar y Encontrar

Mercadear o Conectar

Vender o Enganchar

EPILOGO

Linkedin tiene una INTIMA relación con el mercadeo, las marcas, la comunicación, la publicidad, las ventas, lo comercial, el servicio, e inevitablemente con los negocios y el trabajo en torno a todo lo anterior. **Linkedin** no es solo una empresa, es una máquina, es una plataforma que sirve tanto a individuos como a organizaciones, a miembros y a clientes, es como si fuera un cerebro con sus dos hemisferios. **Linkedin** parte de una filosofía genérica y global que se basa en una premisa simple: **CONECTAR TALENTO CON OPORTUNIDAD**. Aunque la premisa es simple puede ser confusa porque ahí parece no haber mucho de mercadeo pero sería un error pensar así porque aunque la palabra «talento» la relacionamos con la gente, también hay marcas y productos «talentosos» y aunque la fuente de «oportunidades» usualmente está relacionada con compañías, las personas y sus marcas también son o pueden convertirse en fuente de oportunidades. El mercadeo es una disciplina que se aplica tanto a empresas como a personas, en esa medida, cuando hablamos de personas en el contexto de **Linkedin** hablamos de **IDENTIDAD (El registro del perfil profesional) / REDES (Todos los profesionales del mundo conectados) / CONTENIDO (La plataforma definitiva para publicar profesionalmente)**, cuando hablamos de empresas, hablamos de **PRESENCIA / COMUNIDADES /.PUBLICACIONES.** Pero por otra parte, si bien los servicios corporativos de **Linkedin** están enfocados en **BUSCAR (Empoderar Búsquedas) > MERCADEAR (Efectuar el Enganche en Mercadeo) > VENDER (Comenzar oportunidades comerciales y de ventas)**, Todo parece verse resumido en **CONOCIMIENTO** y **NEGOCIOS.** , como puede verse en plataformas externas pero propias de **Linkedin** como *Slideshare, Groups, Pulse* e *Influencers.* Finalmente, **Linkedin** está transformando y revolucionando el mercadeo a escala global, paso de conectar personas en redes (Ver; *Linkedin Lab´s Linkedin Maps* ya desaparecido) a conectar personas + empresas en comunidades, **CONECTAR MARCAS EMPRESARIALES con MARCAS PERSONALES** y ha empezado a visualizar data que une ambas fuerzas en un solo gráfico, (Ver: *Linkedin´s Economic Graph* en desarrollo). Esto no es lo último, ni es «el final de una historia» pero si queríamos revelar el destino de algunos elementos claves del motor de Mercadeo intrínseco a **Linkedin**. Esto es, por ahora, tangencial aunque todo esté relacionado con el tema central. Ya estamos investigando para adicionar capítulos complementarios, unas «secuelas» del Efecto del Mercadeo en Linkedin que podrían ser *ebooks* cortos o entregas anexas para que no nos queden cabos sueltos; pero creemos que hasta acá el contenido de Mercadeo en **Linkedin** es significativo, es la Trama Principal pre-terminada ☺. **Linkedin** habló y el Mercadeo habló con este también. Esperamos que el estilo madure y la perspectiva mejore. **Linkedin** se innova constantemente pero no hay cambios drásticos o dramáticos que nos dejen en un limbo del mercadeo.

CONCLUSIÓN

El efecto de **Linkedin** no solo ha sido un cambio radicalmente desde y con las redes sociales sino que además se está innovando rápidamente gracias a estas. El *Marketing Mix* nunca será el mismo de nuevo porque ahora y durante mucho más tiempo se hablara de *Social Media Mix* y también de como en la «Mezcla» Clásica encaja lo digital y redes sociales claves y específicas como **Linkedin**. **Linkedin** hace parte de la ventaja competitiva en la medida en que entendamos que el mercadeo tradicional y moderno se fundamentan en buena parte en la construcción de redes de confianza y específicamente el moderno, en plataformas de contenido. Ya sea que usted o su empresa están empezando o innovando su modelo de negocio, **Linkedin** tienen el potencial de apoyar y cambiar positivamente ese modelo con la FORMULA: IDENTIDAD + COMUNIDAD + CONTENIDO. Siga los elementos de esa fórmula contenidos acá y estará dentro del escenario del "Nuevo

Mercadeo", si ya tiene un camino avanzado, **Linkedin** es una oportunidad para conquistar nuevos terrenos en el mercadeo y espero que este libro sirva o haya servido para ese propósito.

NOTA PARA EL *ENTUSIASTA* DE LINKEDIN

Se dice que el año 2012 fue «el año de social». Que el 2013 fue «el año de los contenidos». Y también se dice que los años que vienen van a mezclar ambas cosas. Las redes sociales ya no son un invento más sino componentes vitales del mercadeo. Con el contenido abastecimos el marketing social, hemos llegado a un momento donde hay que hacer verdaderamente una comercialización integrada a lo táctico y lo estratégico que está siendo dirigida por una nueva raza de profesionales de mercadeo. Si siempre hemos hablado de mezclas y de integralidad en el mercadeo este es nuestro momento de buscar el siguiente nivel. El mercadeo en internet, en las redes sociales y especialmente en **Linkedin**, combina lo nuevo con lo viejo (lo que aun funciona claro) pero adaptado. Las redes sociales son el escenario, **Linkedin** es la plataforma y el contenido es el combustible. **Linkedin** «*...is the New Black*» (como dijo Jason Miller en «**THE SOPHISTICATED**

MARKETERS GUIDE TO LINKEDIN». Espero que este Libro contenga la mayor parte de las cosas importantes que siempre quiso saber o complementar sobre mercadeo, redes sociales y especialmente sobre **Linkedin** y como sirve para el Mercadeo.. Las oportunidades están allá afuera y como insiste una amiga empresaria: «la plata está ahí, solo hay que salir a buscarla». Esto y este son momentos y objetos para aumentar nuestra conciencia, influir y cambiar nuestra percepción sobre como veníamos haciendo todas las cosas en torno a la tecnología y al mercadeo; NUNCA dejar de generar clientes potenciales, NUNCA dejar de buscar ingresos. Entonces, esto no termina aquí.. ¿o sí?

REFERENCIAS

BUSINESS.LINKEDIN.COM (BUSINESS SOLUTIONS)
http://business.linkedin.com/

LINKEDIN MARKETING Solutions
https://www.linkedin.com/company/linkedin-marketing-solutions
http://business.linkedin.com/marketing-solutions/
http://business.linkedin.com/marketing-solutions/index.html
http://business.linkedin.com/marketing-solutions/solutions.html

LINKEDIN CONTENT MARKETING
http://business.linkedin.com/marketing-solutions/content-marketing
https://business.linkedin.com/marketing-solutions/content-marketing/sponsored-updates

http://business.linkedin.com/marketing-solutions/social-media-case-studies.html

LINKEDIN COMPANY PAGES (and Showcase Pages)
http://business.linkedin.com/marketing-solutions/company-pages.html
http://business.linkedin.com/marketing-solutions/company-pages/showcase-pages.html
http://business.linkedin.com/marketing-solutions/company-pages/get-started.html
http://business.linkedin.com/marketing-solutions/company-pages/expand-presence.html
http://business.linkedin.com/marketing-solutions/company-pages/best-practices.html

LINKEDIN SALES Solutions (+LINKEDIN SALES SOLUTIONS "Showcase Page")
https://www.linkedin.com/company/linkedin-sales-solutions
http://business.linkedin.com/sales-solutions
http://business.linkedin.com/sales-solutions/products.html

CONSIGUIENTES

El futuro del mundo, y a su paso, el futuro de la tecnología, de la web, de internet, de las redes sociales, de los medios sociales, de las plataformas o herramientas como es el caso específico de LINKEDIN es interesante de considerar pero aun así, incierto. Queda mucho por explorar, por descubrir, por cambiarse, renovarse, actualizarse o incluso simplemente desaparecer. Por más que deseemos lo contrario, disfrutemos o usemos con intensidad para explotar su utilidad, existe la posibilidad de que todo esto que planteamos en este libro simplemente deje de existir en un tiempo relativamente corto. Esperemos que no.

ANDRÉS VELÁSQUEZ PUEDE SER SEGUIDO Y/O CONTACTADO EN LINKEDIN

www.linkedin.com/in/andresvelasquez

o vía...

TWITTER: @MisterTinta

SKYPE: AndresFelipeVelasquezHenao

EMAIL: Andres.Velasquez@Yahoo.com

WHATSAPP: +57 315 4186715

THE
LINKEDIN
EFFECT

ISBN: 978-1530480470